データ解析による
実践マーケティング

今野　勤 著

日科技連

まえがき

　日本の製造業を取り巻く経済環境は、日に日に厳しさを増している。特に日本の産業を支える自動車産業は、自動運転、電気自動車などのイノベーションによって、企業の構造改革を進めなければ生き残れない状況になった。

　10年ほど前、筆者の問題意識は、なんとなくもやもやしていたが、妹尾堅一郎氏の著書『技術力で勝る日本が、なぜ事業で負けるのか』(ダイヤモンド社、2009)によって、明確になった。当時は2008年のリーマンショックから各企業が立ち直ろうとして、解決策を模索していた時期でもある。妹尾氏は、以下に示す三位一体の事業戦略が必要であると述べている。

1) 製品特性(アーキテクチャー)に沿った急所技術の開発
2) 市場の拡大と収益確保を同時達成するビジネスモデルの構築
3) 独自技術の権利化と秘匿化、公開と条件付きライセンス、標準化オープンなどを使い分ける知財マネジメントの展開

　また、㈱コマツの社長、会長を経て、経団連副会長を務めた坂根正弘氏は、著書『ダントツの強みを磨け』(日本経済新聞出版社、2015)の中で、スマートコンストラクション(smart construction)構想を解説しており、講演会などでは「日本企業が勝つ秘訣は、ビジネスモデルで先行して現場力勝負に持ち込むこと」と述べている。

　ここで、筆者の役割は、上記2)の日本の製造業に適したビジネスモデルの解明ではないかと考えた。

　日本の製造業の発展に寄与してきた活動に、TQM(Total Quality Management：総合的品質管理)がある。また、優れたTQM活動を展開してきた企業を表彰するデミング賞がある。デミング賞を受賞する企

業において、近年より重要性を増してきたのは、経営戦略とその展開である。そのためには顧客との接点が大切であり、マーケティングを理解することが不可欠と考えた。

　しかし、マーケティングに関する書籍はたくさんあるが、マーケティングの考え方・手法と、事例を対比して解説する本が多い。そして、読者がいざ自社でこれらの内容を適用しようとすると、ギャップが大きく、実際の現場では使えないことがある。その主な理由は次の2点である。
1) 　経営戦略とマーケティングの関係性がわかりにくい
2) 　マーケティングデータを解析する統計解析手法と、手法を使うための手順が網羅されていない

　本書では、経営・経済を学ぶ方が理解しやすいように、マーケティングの概念・手法と事例を紹介する。そして、企業でこれらの概念、手法を適用するうえで必須となる、データを活用する統計解析手法と手順を解説する。さらに、経営戦略とマーケティングとの関係についても触れる。本書は、これらの内容を網羅した、大学での講義、企業人へのマーケティングセミナーのテキストとしても活用できる、マーケティングの実践書である。

　なお、本書の執筆にあたり、㈱日科技連出版社の戸羽節文社長、石田新氏、（一財）日本科学技術連盟の山田ひとみ氏には大変お世話になった。特に、石田氏には、何度も原稿を入念にチェックしていただいて大変助かった。

　本書が、マーケティングを勉強する学生や企業の方に少しでもお役に立てたら、筆者としてはこれ以上の喜びはない。

2019年1月23日

大学の研究室にて

今野　勤

目　次

まえがき　iii

第1章　マーケティングとは何か　1

1.1　マーケティングの定義　1
1.2　顧客は誰か　5
1.3　市場とは　6
1.4　マーケティング活動のコンセプト　10
1.5　マーケティングの4P　12
第1章の引用・参考文献　13

第2章　経営戦略と経営戦略立案手法　15

2.1　企業の理念と目標　15
2.2　代表的な経営戦略　16
2.3　経営戦略立案のための分析手法　27
第2章の引用・参考文献　51

第3章　B to Bマーケティング　53

3.1　B to Bマーケティングとは　53
3.2　B to Bマーケティングの特徴　53
3.3　B to BマーケティングはB to B to C　56
3.4　B to Bマーケティングの勝ちパターン　57
第3章の引用・参考文献　60

第4章　マーケティングに役立つ統計解析手法　61

4.1　統計解析手法と $y=f(x)$ ダイアグラム　61
4.2　単回帰分析　63
4.3　重回帰分析　68
4.4　多重共線性への対応　72
4.5　数量化理論Ⅰ類　76
第4章の引用・参考文献　79

第5章　市場セグメントとターゲットの明確化　81

5.1　市場細分化のレベル　81
5.2　B to C 市場の細分化　86
5.3　B to B 市場の細分化　89
5.4　標的市場の設定　91
5.5　標的市場設定に役立つ統計解析手法：クラスター分析　93
5.6　標的市場の特徴の詳細分析　96
第5章の引用・参考文献　101

第6章　競争へ対処するためのマーケティング戦略　103

6.1　企業の市場における立場の分類　103
6.2　マーケット・リーダーの戦略　104
6.3　マーケット・チャレンジャーの戦略　109
6.4　マーケット・フォロワーの戦略　115
6.5　マーケット・ニッチャーの戦略　117
第6章の引用・参考文献　119

第 7 章　製品戦略立案手法　　121

7.1　商品企画七つ道具　　121
7.2　最適商品企画と販売価格の決定法　　135
7.3　最適商品企画と販売価格の決定法の簡便法　　151
第 7 章の引用・参考文献　　153

第 8 章　マーケティングからものづくりへ　　155

8.1　マーケティングとものづくりの背反性　　155
8.2　マーケティングとものづくりのコラボレーション　　156

索　引　　159

第 1 章　マーケティングとは何か

　本章では、企業におけるマーケティング活動の基本となる考え方を解説する。1.1 節では、企業におけるマーケティング活動の定義を述べる。1.2、1.3 節はマーケティングの重要概念である"顧客"と"市場"について、1.4 節では市場に対して、企業がどのように対応するかについて解説する。1.5 節では、マーケティング活動の重要な構成要素である 4P について説明する。

1.1　マーケティングの定義

(1)　さまざまな企業のマーケティング活動

　マーケティングについて詳細を解説する前に、まずさまざまな企業のマーケティング活動の例を紹介する。

　最近、飽和気味の国内ダイエット市場で売上を上げ、市場をにぎわしているのが、かつては地味な健康食品の会社であった RZ である。"結果にコミットする"という、ダイエット効果がなければ顧客に返金するとアピールすることで、ダイエットが失敗した時の顧客のリスクをなくすという画期的なビジネスである(**図 1.1**)。これは広告・宣伝によって有名にしたというマーケティング活動の効果が大きい。結果として、RZ の前身である K の 2007 年売り上げは 100 億円未満であったが、RZ の 2018 年 3 月決算で売上 625 億円を記録している[1]。

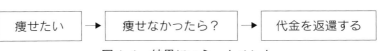

図 1.1　結果にコミットメント

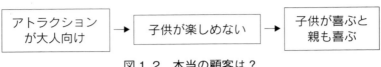

図1.2　本当の顧客は？

　また、2001年の開業当時は年間来場者数1100万人以上と話題をさらった大阪のテーマパークUも、映画中心のアトラクションが顧客から飽きられて、2010年は800万人と来場者数が低迷していた。特にアトラクションに幼児向けの物がなく、子供の来場者が少ないのは年齢別の来場者数を見れば明らかだった。そこでマーケティング本部長TM氏は、子供向けのアトラクションを導入し、またアニメとのコラボを企画するなど子供とその親をターゲットとした(**図1.2**)。まさしく、Re・born(生まれ変わった)である。結果として2016年度は来場者数1460万人を記録している[2]。

　これらの事例は、いずれもマーケティングをうまく活用したビジネスであり、結果としては業績が伸び悩んでいた企業に劇的変化をもたらすことができている。

(2)　マーケティングの定義

　フィリップ・コトラー(1994)によると、マーケティングについて「マーケティングでは自社製品がひたすら売れる方法を実現する」とするという考え方がある。しかし、この考え方は、顧客を浪費に導き、やがて飽きさせてしまい、消費社会、使い捨て社会を実現してしまう(**図1.3**)。筆者もタンスの中に、いつ着るのだろうかという、Tシャツ、ポロシャツ、Yシャツがスペースを占有し、まさしくタンスの肥やしになっている。断捨離という言葉を聞くとそのとおり、5Sというと当たり前と思うが、実態はそのとおりにはならない。

また、"マーケティングは顧客の満足を最大化するのが目標である"という考え方がある。しかし、単に顧客を満足させる製品を製造し供給し続けることは、同時に公害や廃棄物といった副作用など、消費者問題や環境問題に対する配慮が欠けたものになってしまう（**図 1.4**）。

酒類は適量なら害はないが、飲み過ぎるとその結果、翌日二日酔いになり、肥満や病気の原因にもなってしまう。薬屋で、二日酔いの薬が売れ、ダイエットのサプリメントが売れるのである。これが副作用の一例である。

これらのことから、"マーケティングは生活の質の向上に貢献するのが目標である"という考え方に到達する。生活の質とは、欲求を満足させる製品やサービスの量と質、環境の質のことである。マーケティングは社会、ステイクホルダーとの関わりを強く意識しなければならない。健康的で、環境や周囲の人々とからも喜ばれるように生活しなければならない（**図 1.5**）。この生活に貢献するのがマーケティングである[3]。

アメリカ・マーケティング協会（AMA）が1948年に制定したマーケティングの定義では、「マーケティングとは、生産者から消費者あるいは使用者に向けて、製品およびサービスの流れを方向付けるビジネス活

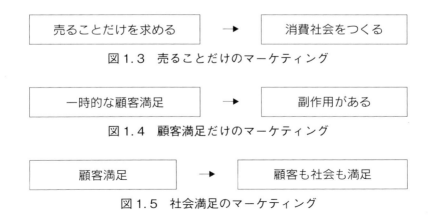

図 1.3　売ることだけのマーケティング

図 1.4　顧客満足だけのマーケティング

図 1.5　社会満足のマーケティング

動」としている[4]。それが2007年には、「顧客、依頼主、パートナー、そして社会全体にとって価値あるモノを創造、伝達、届け（流通）、交換するための活動や仕組み（制度）、プロセス」となっている[4]。すなわちマーケティングは、時代とともに中身が変遷していくことがわかる。特に、企業が提供するもの・サービスの価値は、顧客にとってどのような価値をもたらすか、という点が強調されてきた。価値とは、顧客が支払う対価に対して、顧客が手に入れる効用である。対価は、お金や時間などわかりやすいものであるが、効用は人によってさまざまである。例えば、在来線に比べて新幹線に乗れば早く目的地に着く。これは、時間という尺度で価値が測れる。また、料理を食べておいしいと感じること、映画を観て感動することなど、目に見えない尺度も価値であり、これらを測るにはインタビューやアンケートなどの手法が必要になる。

本書では、企業のマーケティング活動を対象として解説している。マーケティングには経営戦略的な視点が不可欠と考えている。したがって、実践的でわかりやすい定義を採用したい。そこで、本書ではマーケティングをマーケティング・マネジメントとして、コトラー（2014）に述べている次の定義を一部修正し[5]、以下のように考える。

マーケティング・マネジメントの定義は、

「1)**ターゲット市場を選択**し、2)優れた**顧客価値を創造**し、**提供**し、**伝達**することによって、3)**顧客を獲得**し、**維持**し、**育てていくこと**」
である。

この定義には、マーケティングは、ターゲット市場で、顧客に喜んでもらえるような商品・サービスを提供し、企業としての業績も上げ、従業員、取引先、株主などマーケティング活動に参画する人達、最終的には社会に喜んでもらえるものでありたいとの思いを込めた。

1.2 顧客は誰か

　企業にとって顧客は誰か？　この質問は重要である。大手自動車メーカーであれば、**図1.6**のようなバリューチェーンが構成されている。このバリューチェーンを通じてエンドユーザーのニーズを吸い上げ、自動車を開発・製造・流通させなければ、自動車メーカーは企業活動の成果が得られない。したがって、バリューチェーンを構成するメンバーがすべて顧客と考える必要がある。

　バリューチェーン（Value Chain）とは、もともと、マイケル・ポーターが著書『競争優位の戦略』(1985)の中で用いた言葉であり、価値連鎖と邦訳される。

　ポーターはバリューチェーンの活動を主活動と支援活動に分類した。主活動は購買物流（inbound logistics）、オペレーション（製造）、出荷物流（outbound logistics）、マーケティング・販売、サービスからなり、支援活動は企業インフラ、人材資源管理、技術開発、調達から構成される。なぜバリューチェーンにかかわる人が顧客かというと、これらの人たち全員が、商品・サービスを最終顧客に届けるまで、手を抜かず一所懸命よい仕事をしなければ、エンドユーザーに喜びや感動を届けることができないからである。例えば、どんなによい車でも、ディーラーの人たちが一生懸命展示してある車を磨いてきれいにしておかなければ、来店したお客さんには買ってもらえないだろう。これらの活動の積み上げが大事なのである。

　ここで、著名な品質管理コンサルタントの福原證氏が常日頃述べてい

自動車メーカー　⇒　ディーラー　⇒　エンドユーザー

図1.6　自動車のバリューチェーン

ることに筆者が加筆し、問答形式で紹介する。

【問題 1.1】
　昔、ある大物演歌歌手は、「お客様は神様です」と言った。これは、マーケティングの観点でも正しいか？

【解答 1.1】
　これは、言いすぎである。われわれが相手にする顧客は、神様ではない。わがままも言うし、嘘もつく。欲もある。感情にも流される、ただの人間である。しかし、彼らはあなたの企業の商品・サービスを選択する、という絶対的な権限をもっている。彼らを納得し感動させないと商品は売れない。したがって、お客様は神様ではなく、権力をもった王様と考えるとよい。なお、大物演歌歌手の娘さんいわく、「お客様は神様です」という言葉は、大物演歌歌手がステージで自分の集中力を高めるために言った言葉で、それが間違って伝わったのである（図 1.7）。

1.3　市場とは

　コトラー(2014)によると、市場は、消費者市場、ビジネス市場、グローバル市場、非営利市場および政府市場の4つに分類できる。また多くの企業は、民間のお客様を相手にしているので、大別するとB to C (Business to Customer)かB to B (Business to Business)になる。コトラーがいうグローバル市場は、B to C・B to B市場がグローバルに展開されたものである。本節ではB to C・B to B市場の違いと、市場の見方について解説する。

図 1.7　お客様は神様か？

(1) B to C 市場

 B to C とは、"企業と個人(消費者)間の商取引、あるいは、企業が個人向けに行う事業"のことである。一般消費者向けの製品の製造・販売や、消費者向けサービスの提供、個人と金融機関の取引などがこれに含まれる。消費者向け事業が主体の企業のことをB to C企業ということがある[6]。すなわちB to C市場とは、直接、商品を消費するお客様と接してビジネスを展開する市場である(**図1.8**)。例えば、大手コンビニチェーンは、日々、ソフトドリンク、おにぎり、弁当、唐揚げ、日用品などを、直接お客様に販売している。

 B to C市場では、お客様と直接接しているので、その反応がダイレクトに伝わってくる。しかも、相手は専門家ではなく感覚的に商品を選択する一般人である。したがって、ビジネスのスピードと価格が重要になる、小売業や流通業が相手にする市場である。

(2) B to B 市場

 B to B とは、"企業間の商取引、あるいは、企業が企業向けに行う事業"のことである。企業間の物品の売買やサービスの提供、企業と金融機関との取引などがこれに含まれ、企業向け事業が主体の企業のことをB to B企業ということがある[7]。すなわちB to B市場とは、企業向けの商品やサービスを売る市場である(**図1.9**)。お客様が専門家であり、

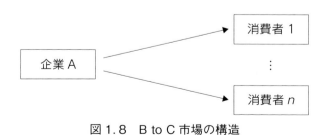

図1.8　B to C市場の構造

図1.9 B to B市場の構造

収益拡大やコスト削減にこちらの販売する商品やサービスがいかに役立つか、具体的に示さなければならない。例えば、自動車のタイヤメーカーが大手自動車メーカーにタイヤを販売しようとすると、タイヤの性能、価格、生産能力、開発力などさまざまな項目について綿密に評価を受けて、合格しないと取引が成立しない、非常に専門的評価を受ける市場である。もちろん価格やビジネスのスピードも要求されるが、B to Cほどではない。製造業は大半がこの形態になる。なお、独立系の代理店制度を取って自動車を販売している自動車メーカーなどもこの部類に入る。

　これらの市場は絶えず変化している。その変化を絶えず理解し、対応していないと企業戦略が市場と合わなくなり、企業の業績が低迷することがある。その変化には、以下の6つの視点があり、これらの視点で市場を分析することが大切である。

(3) 市場を見る視点
　次に市場を見る視点について解説すると以下のとおりになる。
① 市場の安定性
　対象市場について、成長または衰退しているかなど、安定性や傾向を見る。全体の売上の推移、自社の売上推移、競合企業の売上推移を分析するとその傾向がわかる。

② 新製品、競合の存在

　電気自動車のように、大手自動車メーカーだけでなく、電機メーカー、ITメーカーなどの競合他社が続々参入してくる市場は、競争が厳しい。

③ 製品・サービスの価格の変動

　価格が上昇している場合は、商品・サービスの供給量が不足していることになる。一方、価格が下降している場合は、商品・サービスが過剰に供給されていることになる。例えば、電気自動車の電池用のレアアースの供給量が減れば市場価格が上がる。半面、ガソリンの消費量が減り、原油価格は下がる。

④ 広告・宣伝の方法

　今でも、スーパー、不動産の広告・宣伝は、チラシによるものが多い。TVのCMの影響は大きいが、最近では、インターネットを活用し、SNS、画像配信、動画配信などによる広告・宣伝が生まれ、その拡散する範囲、量とスピードがグローバルになっている。2017年にブレイクしたお笑い芸人のコミカルなダンスと英語による歌が全世界に拡散したことは、記憶に新しい。すなわちユーチューバー、著名人のSNSサイト、ツイッターなどで取り上げられたサイトに企業の広告・宣伝を載せると、すごいスピードで広告・宣伝が拡散されることになる。

⑤ 流通方法の変化

　国内流通は、かつては大型貨物トラック輸送が主体だったが、環境問題によりコンテナによる鉄道輸送とトラックの併用になった。Eコマース、宅急便、スマホの普及により、小売業を中心にインターネット販売が主流になりつつある。農産物も、農家と末端消費者をダイレクト販売が増えてきた。

⑥ 顧客の価値観の変化(環境、コスト、安全)

　自動車について、かつては高級車に乗ることが顧客のスティタスだっ

た。現在は、カーシェアリング、若者の車離れなど顧客の自動車に対する所有欲は薄れてきた。また、かつては燃費を気にするお客が多かったが、高齢者ドライバーの事故が増えるにつれ、衝突安全性、誤操作の防止などに顧客の関心が変わってきた。

以上のように、市場は絶えず変化してきており、そのトレンドを外すと商品・サービスは売れなくなる。逆に絶えずトレンドを捕まえていればビジネスがうまくいく可能性が高くなる。マーケティングを活用するポイントがここにある。

1.4 マーケティング活動のコンセプト

コトラー(2014)は、企業のマーケティング活動を、(1)生産コンセプト、(2)製品コンセプト、(3)販売コンセプト、(4)マーケティング・コンセプト、(5)ホリスティック・マーケティング・コンセプトの5つに分類している。ここで、民間企業は深く関係するのは(5)ホリスティック・マーケティング・コンセプトを除く4つなので、本項ではこれらについて簡潔に解説する。

(1) 生産コンセプト(よいものを安く)

商品・サービスをどこでも手に入れられて、価格が手ごろな製品を顧客は好むという、企業側が市場に対して抱く考え方である。具体的には、競合他社よりも安くてそこそこの品質の商品を、大量に提供する。新興国市場で受け入れられやすいコンセプトである。新興国の市場では、顧客の生活水準が低く、賃金も低い。そこに大量に安い商品を投入すれば間違いなく売れる。韓国の電機メーカーが新興国市場に白物家電を大量に安く提供したために、日本の家電メーカーが苦境に追いやられたのは記憶に新しい。

（2） 製品コンセプト（こだわり商品）

　品質や性能が最高で、革新的な特徴のある製品を顧客は好むという、企業側が市場に対して抱く考え方である。経済発展が鈍化し、顧客の生活水準も高くなり、ものがあふれてくるとこのような顧客が増えてくる。特徴的な差別化された商品・サービスであり、かつ適正な価格、流通、広告、販売をしなければ成功しづらい。先進的な顧客に好まれることが多く、ブレイクしないと市場は小さい。アメリカのA社が世界市場で、スマホ、音楽配信プレーヤーで市場を席巻している状況は、ブレイクした例である。

（3） 販売コンセプト（広告、キャンペーンなどの徹底）

　市場に普及している商品やサービスに大差がないとき、顧客はよく知っているものを好むという、企業側が市場に対して抱く考え方である。例えば、栄養ドリンク、保険など、詳細に中身を検討しないと商品・サービスの違いがわからない商品・サービスについて、顧客はTVのCMなどで有名な企業のものを選択する傾向がある。したがって、企業は広告・宣伝に多くの費用を割くことになる。

（4） マーケティング・コンセプト（真の需要の喚起）

　標的とする市場に対して、顧客価値を見出し、供給し、コミュニケーションすることで、売上などの業績を上げるという考え方である。例えば、大手アパレルのU社が大手化学メーカーのT社とともに保温性の優れた繊維を開発し、商品Hを市場に送り出し、大ヒット商品になった。潜在する顧客のニーズに応えたマーケティング活動といえる。

　企業はこれらのコンセプトを、市場に応じて、提供する商品・サービスを中心とするマーケティング活動において使い分けることになる。し

かし、製造業では生産ラインや工場、働く人の技能、人の考え方が制約となるなど、商品や市場に応じてこれらのコンセプトを柔軟に使い分けることは難しい課題である。

1.5 マーケティングの4P

マーケティングの4大要素：4Pとは、Product（製品）、Promotion（広告・宣伝）、Price（価格）、Place（流通）であり、その組合せ方を選択することによって、社会に変革を起こすのがマーケティングである。1961年にジェローム・マッカーシーが提唱したもので、あくまで企業側の視点から4Pを設定した。

また、1990年にロバート・ラウターボーンによって提唱されたのが、4Cである。4Cとは、Customer Solution（顧客ソリューション）、Customer Cost（顧客コスト）、Convenience（利便性）、Communication（コミュニケーション）であり、これらは顧客側から市場を見る視点である[8]。

このほか、Customer（顧客）、Competitor（競合）、Company（自社）の3つの視点から市場の分析をすることを3C分析という[9]。

本書では、企業側の立場をとっていることと、広く普及している考え方であるという理由から、4Pをもとに解説していく。

【問題1.2】
あなたは、ドラッグストアの店長である。新しいダイエット商品をそろえて売上を向上したい。どうすればよいか、マーケティングの4Pの観点で論じなさい。

【解答1.2】
この場合、Placeは現在の店とする。ターゲットは、若い女性が主な顧客になるので、どのくらいの顧客が存在するか、顧客リストから予測

する。Productとして、忙しいキャリアウーマンに喜ばれるように、手軽で、おいしくかつ満腹感が得られるような製品を選択する。女性は甘いものを好む傾向があるので、糖質、カロリーを抑えながらも、十分な甘さを満喫できるような製品を探すべきである。具体的には、脂質を抑えるため、バターや生クリームを採らないようにすべきである。クッキーのような製品とサプリメントがよいだろう。Priceは1回の間食と同程度の価格帯がよいだろう。1回300円前後でよいと思われる。Promotionでは、できればタレントで、この製品によって実際に痩せた人を使い、TVや雑誌に掲載されたらなおよい。これらの記事をホームページに載せ、インターネットメールで配信するのもよい。

なお、この形でタレントの起用し大きな効果を上げているのが、1.1節で紹介したRZである。

第1章の引用・参考文献

[1] ログミーファイナンス:「RIZAP、6期連続増収・過去最高売上更新 上期は45億円を先行投資」(2018年9月1日閲覧)
https:// finance.logmi.jp/247536
[2] ユニバーサル・スタジオ・ジャパン™:(2018年11月22日閲覧)
https://www.usj.co.jp/
[3] フィリップ・コトラー:『マーケティング・マネジメント』、プレジデント社、1994、p.10
[4] 石井淳蔵、廣田章光、坂田隆文編:『1からのマーケティング・デザイン』、碩学舎、2016、p.206
[5] フィリップ・コトラー、ケビン・レーン・ケラー:『コトラー&ケラーのマーケティング・マネジメント』、丸善出版、2014、p.6
[6] IT用語辞典:「B to C」(2018年10月7日閲覧)
http://e-words.jp/w/B_to_C.html
[7] IT用語辞典:「B to B」(2018年10月7日閲覧)
http://e-words.jp/w/B_to_B.html

[8]　酒井光雄編著：『全史×成功事例で読む「マーケティング」大全』、かんき出版、2014、pp.62〜63
[9]　手塚貞治監修，日本総合研究所　経営戦略研究会著：『この1冊ですべてわかる　経営戦略の基本』、日本実業出版社、2009、p.50

第2章　経営戦略と経営戦略立案手法

　本章では、マーケティング活動と関連の深い経営戦略とその立案手法について解説する。経営学では、経営戦略を戦略、戦術、作戦とその具体性に応じて大別でき、さらに製品戦略、マーケティング戦略、技術戦略など、経営の対象や機能によって使い分けている。本章では、これらを踏まえて、世の中で普及している代表的な経営戦略を選択して解説する。

2.1　企業の理念と目標

　企業理念とは、企業の存在意義と社員の行動規範を定めたものである（**図 2.1**）。関西の大手電機メーカーP社では、企業理念を次のように定めてある。
　「私たちの使命は、生産・販売活動を通じて社会生活の改善と向上を図り、世界文化の進展に寄与すること」[1]
　企業の規模に関係なく、そこで働く人間の存在意義と行動規範となる

出典）　今野勤、大角盛広、毛利進太郎、林坂弘一郎：『文科系のための情報科学』、共立出版、2017、p.2

図 2.1　企業理念と目標

図2.2　企業理念から年度方針までの流れ

ので大変重要なものである。

　企業目標は、企業が達成すべき姿である。具体的に売上、利益などの数値で表すとわかりやすいが、数値だけを追うのが企業目標ではない。例えば、「地域ナンバーワンの住宅メーカーになる」ということも立派な企業目標である。具体的な内容は、事業計画で明らかにすればよい。

　一般に、企業理念をミッション、社訓、社是、綱領として定め、企業目標を数値化しないでイメージでとらえ、企業のビジョン(5～10年先の企業の姿)としていることが多い。また従業員の事業活動を運営するうえで、具体的な行動のあり方を、行動指針として示すこともある。これらのことは、いずれも企業が自組織の目指す方向を明確にし、組織の一体感を高め、共通の目的、目標を達成するために必要なことである。

　最近は、企業のビジョン(将来の企業の姿)を、わかりやすい図や絵などで表現し、経営指標のなどの到達目標を中長期経営計画で表し、年度方針につなげる企業が増えてきている。すなわち、**図2.2**のようになる。さらに企業規模が大きくなると、事業ごとに事業目標、事業戦略を立てる。

2.2　代表的な経営戦略

　企業は企業理念、ビジョン、中長期計画、年度方針、年度目標を定め、具体的な事業計画を立てる。そして、その事業計画を実行に移すうえで必要となるのが、経営戦略である。経営戦略には、大きく分けて企業戦略、事業戦略、機能別戦略の3つがある。企業戦略は「企業がめざす方向(専業化、垂直統合化、多角化)での成長を確保するために、自社

の競争的地位に向けたこれまでと大きく異なる全社的資源配分」と定義されている[2]。しかし企業経営の実践の場では、戦術、作戦レベルの実行計画をも経営戦略と称していることも多い。実践の場面でよく使われている代表的な経営戦略を表2.1に示す。

(1) 企業戦略

企業戦略を立案し、企業が成長するには経営資源を集中する必要がある。アンゾフは製品、市場を現有・新製品、現有・新市場に分類し、それらに対応する4つの経営戦略を提案した(表2.2)[3]。以下、それらを解説していく。

① 市場浸透戦略

現有市場に現在の製品を売る、顧客の購買頻度を上げるための戦略である。具体的にはマーケティングの4P(Product、Promotion、Price、Place)について、製品・サービスをこまめに改善し、コストを下げ、流通形態も改善しながら、販促活動、広告などに経営資源を集中する戦略である。

第6章で詳細を解説するが、大手コンビニチェーンが、「地域ドミナント戦略」と称して特定の地域に集中出店をする形で市場浸透戦略を実施している。さらに、おにぎり100円セール、TVでの広告、弁当などの多頻度納入、店舗内での唐揚げなどの調理、イートインスペースの設置、銀行ATMの設置など、細かいサービス改善を続けている。この戦略は、最も手堅く、また競合にも気づかれにくい戦略である(図2.3)。

② 市場開拓戦略

現有製品を新興国などの新しい市場に売るための戦略である。具体的にはマーケティングの4Pのうち3つに注力する、すなわち製品・サービスの開発はマイナーチェンジにとどめる程度として、その分、販促、価格攻勢、広告、パブリシティ、流通方法の変更などに経営資源を集中

表2.1 代表的な経営戦略

分類	戦略	内容	具体例
企業戦略	市場浸透戦略	低価格商品を中心に、現在の市場に深く浸透していく	中国、インド、ブラジルなど新興国に安い家電、携帯電話などを普及していく
	市場開拓戦略	プロモーション活動によって、現在の市場での認知度を上げる	清涼飲料水、ビールメーカーがTVコマーシャルを頻繁に流している
	新製品開発戦略	新製品を開発し、市場に投入していく	家電メーカーが、液晶、ブルーレイTVなどを開発し、市場導入している
	多角化戦略	事業の多角化により、単一製品の衰退リスクを避ける	洗剤メーカーが、化粧品などのコスメ、薬などの医薬品分野に進出する
事業戦略	集中戦略	一定の製品について、特化した市場に経営資源を集中する	ファーストフードチェーンが、牛丼やハンバーガーに特化している
	低コスト戦略	競合製品に対して低コスト体質を確立し、低販売価格を実現する	フリース、スーツなど衣料分野に多い
	差別化戦略	顧客の動向に合わせて、他社品と差別化した製品やサービスを提供する	従来の路面店だけでなく、インターネットショッピングなど新たなサービスを形態をとる小売業
その他の戦略	撤退戦略	衰退期にある製品にこだわらず、撤退する	電機メーカーがパソコンから撤退するなど
	戦略提携	別企業と提携して、互いの強みを発揮する	大手銀行、生命保険会社の統合
	ロングテール戦略	20：80の法則とは逆に、80の商品をこまめに売る	アマゾンなどEC事業者
	地域ドミナント戦略	特定の地域に集中出店し、地域の市場を支配する	大手コンビニチェーンは、集中出店をしている

表2.2　アンゾフのマトリックス（製品・市場戦略）

	現有製品	新製品
現有市場	市場浸透戦略	新製品開発戦略
新市場	市場開拓戦略	多角化戦略

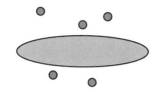

図2.3　水のように市場に浸透する

する戦略である。

　大手宅配便企業が、中国で宅配便事業を展開している例が該当する。日本での成功例がそのまま導入できるわけではないので、現地の商習慣に合わせて導入していく。この戦略は、マスコミなどでも大々的に取り上げられることが多いため、うまくいっても競合他社がすぐ真似をし、妨害されることがある。競合他社の動きを絶えず監視しておくことが大切である。

③　製品開発戦略

　新製品を現有市場に投入するための戦略である。

　ビール業界では、ノンアルコールビールにはじまり、ノンアルコール梅酒など、お酒に弱いか、酒席では飲めない運転の当番の人などをターゲットに新製品を導入している。4Pによって製品を開発するが、広告宣伝においても、アルコールをあまり飲まないアスリートなどをTVのCMに起用するなど、ユーザーに配慮をしている。

　製品開発戦略には、2つの問題がある。1つは、現代社会において、顧客の好みも多様化し、何が売れるかがわかりにくくなったことであ

る。また、大ヒット商品が生まれにくい時代でもある。顧客の好みのトレンドとその変化を的確にとらえ、素早く商品化できる社内の開発委体制の構築が、製品開発戦略のポイントになってきている。

　もう1つの問題は、新商品はどんどん高機能、高性能化するため新製品開発が高度の仕組みになり、かつ開発スピードが遅くなる傾向があることである。また顧客の要求を製品の機能・スペックがオーバーすると、単機能の安い商品に市場が奪われることがある。これを<u>オーバーシュート</u>という[4]。

　例えば、電気温水ポットは水を入れると、自動でお湯を沸かし、保温するものであるが、市販価格は1万数千円程度である。一方T社の電気ケトルは2～3千円で、すぐにお湯を沸かせるが、保温機能はない。しかし、市場には保温機能はないが安い電気ケトルで十分と判断する顧客層がたくさんおり、電気温水ポットの市場を侵食している。また、数年前まで薄型TVの画面サイズの拡大競争があった。日本国内では家のサイズを考えると、100インチ近い画面のTVを置ける部屋がある家庭の数は限られると思われるが、TVメーカーは画面のサイズ競争をしていた。

④　多角化戦略

　新製品を新市場に売る戦略である。

　大手自動車メーカーのH社は、アメリカ市場で、プライベートジェットを開発し製造販売して、大ヒットになっている。成功までには、数十年にわたる時間と投資が必要であり、また開発体制をアメリカで維持してきたことは素晴らしいことである。最も厳しいといわれているアメリカの航空機基準をクリアするだけの技術力、プロジェクトマネジメント力は、多角化戦略の成功例として評価できる。アメリカでの成功をもとに、このプライベートジェットの日本への逆輸入も計画されている。

　京都にある小型精密モーターを得意とするND社は、ものづくり企業でもありながら、提携先の企業がもつ市場、製品をねらった資本提

携、技術提携、M&Aなどスピーディな多角化戦略を成功させている。

企業規模が大きくなるにつれて、企業は多角化戦略をとるようになる。しかし、子会社が数百社以上にもなると、ホールディングカンパニィでも各子会社が具体的に何をやっているかがわからなくなり、儲かっていない子会社がいくつも出てくるようになる。そうなるとリストラが必要になる。アメリカの重電メーカーのG社がやったように、世界No.1、2以外の事業はすべて切り捨てるなどの大ナタを振るうことが出てくることもある。これを**選択と集中**という。

【問題2.1】
あなたは、激戦区といわれる大阪梅田のど真ん中で、個人経営で居酒屋を開店しようとしています。市場浸透戦略、市場開拓戦略、製品開発戦略、多角化戦略のどれを用いれば勝ち残れるかについて論じなさい。

【解答2.1】
まず、多角化戦略はとれない。居酒屋チェーンなどの大手ならばできるが、資本力が足りない経営者がやれば墓穴を掘る可能性が高い。また市場開拓戦略も、複数の店舗を出店するのは同様に困難である。これらの戦略を実行するには、人、もの、カネの経営資源をたくさん投入する必要がある。

最も有効な戦略は市場浸透戦略である。健康ブームを受けて、塩分を控えた料理、アルコール度が低い酒を売りにするなど、この居酒屋の特徴をインターネット、チラシなどで広告・宣伝する。また、製品開発戦略でサービスを差別化してもよい。懐メロ中心のカラオケなどを用意してもよい。このように競争の少ない分野で、トップになるように勝負するほうが勝つ確率が高い。しかし、市場浸透戦略と製品開発戦略の実施には時間がかかるため、運転資金が枯渇しないように、キャッシュフローの点検を怠らないようにすることが求められる。

(2) ポーターの競争戦略

ハーバード・ビジネス・スクールのマイケル・E・ポーター教授は、競争戦略を3つに分類している。すなわち、コストリーダーシップ戦略、差別化戦略、集中戦略である。これをマーケティングの4Pとの関連で示したのが**表2.3**である。

① コストリーダーシップ戦略

競争相手に対する差別的な優位性をコスト面で築くことを最重要視する戦略である。すなわち、競合製品に対して低コストで勝負することといえる。表2.3にあるように、100円ショップなどがそれにあたる。短

表2.3 ポーター教授の経営戦略3分類と4P

戦略	製品 (Product)	広告・宣伝 (Promotion)	価格 (Price)	流通 (Place)	具体例
コストリーダーシップ Cost Leadership	コモデティ商品	TVなど影響力の高いメディア	安い	大型店舗	100円ショップ、大型ディスカウントセンターなど
差別化 Differentiation	さまざまな商品	口コミ、メディアに取り上げてもらうパブリシティ	価格では勝負しない	中小店舗	自動車大手M社の高性能ガソリンエンジン車、高級ブランドバッグや宝飾品
集中 Intensive	限定品	インターネット販売、TVショッピング、通信販売	お得感のある価格	インターネット販売、TVショッピング、通信販売	大手TVショッピングJT社の家電製品など

期的には顧客が増え、売上が上がるが、すぐに顧客に飽きられるので、絶えず商品をマイナーチェンジしなければならない。

② 差別化戦略

自己の提供する製品、あるいはサービスにおいて、顧客に対して何らかの特異性をアピールし、競合他社と差別化した商品・サービスを投入する戦略である。表2.3にあるように、自動車大手M社の高性能ガソリンエンジン車は、社運をかけたエンジン開発に成功した例である。また、高級ブランドバッグや宝飾品は長い年月をかけてブランドを確立することができた。このように、根気のいる戦略である。

③ 集中戦略

特定の製品ラインや地域、市場に特化して、そこに経営資源を集中的に配分して差別的優位性を確保する戦略である。表2.3にあるように、大手TVショッピングJT社の家電製品など、製品の特長や使い方を顧客にわかりやすく訴求し、お得感を強調した価格(金利負担はJT社、おまけが1つなど)を強調し販売する。また、「今から30分間だけはオペレーターを増やして対応する」など、TVのCM広告宣伝効果を最大限活用する。

(3) その他の戦略

表2.1のその他の戦略を以下で解説する。

① 撤退戦略

自社にとって将来性のない事業から撤退する、もしくは事業規模を縮小する戦略である。大手写真フィルムメーカーF社は、2000年当時ヒット商品を出し、写真フィルムが売れていたが、同時にデジタルカメラが急速に売上を伸ばしていた。F社は写真フィルムにこだわっていたら、倒産していたかもしれない。儲からない事業を縮小し、浮いた資金、人材、フィルム事業で培った技術を医薬品、事務機器などの先行開

発に向け、成功したことは特筆に値する。医薬品、事務機器に進出したのは、大きな決断であった。半面アメリカのP社は事業転換に失敗し、2001年に経営破綻してしまった。2004年アメリカ大手情報系I社はPC事業から撤退し、中国のL社に売却した例もある。

② **戦略提携**

別企業と提携して、互いの強みを生かした有利なマーケティング戦略を採用する方法である。世界的なEMS (Electronics Manufacturing Service) のH社は、日本の大手液晶TVのメーカーS社と提携した。H社は製造コストを大幅に下げ、アメリカの大手スマホメーカーA社から製造を委託されるなどマーケティング力も優れている。一方、S社は液晶TVでは市場競争に敗れたが、優れた技術力とブランド力を持っている。H社の資金援助とマーケティング力と製造ノウハウでコストを下げ、S社の経営再建が進んでいる[5]。

また、欧州の大手自動車メーカーV社と日本の大手軽自動車メーカーS社など、提携を解消する例もある。その原因として、企業の風土や文化の違いがネックになることが多い。

③ **ロングテール戦略**

インターネットが台頭する前、リアル店舗(実店舗)を構えて商品を販売するしかなかった時代は、少数の人気商品・売れ筋商品に特化して大量に販売し、売上の大部分を確保する販売戦略が常識であった。上位20%にすぎない人気商品で全体の売上の80%を稼ぎ出すことから、「20対80の法則」と呼ばれている。法則を発見した経済学者の名前を取って「パレートの法則」とも呼ばれ、品質管理のQC七つ道具のパレート図は、ここから導き出されている。

例えば読者の皆さんは、都心の本屋に行くと人気のベストセラー本が、山積みされている光景が見たことがあるだろう。これはベストセラーの本を目立つようにして大量販売を仕掛けているのである。20対80

の法則の具体的な例である。

　一方、インターネットを活用したEC(Eコマース)による販売方法はまったく逆のことができる。すなわち、80%の商品できちんと利益を出す戦略である。これをロングテール戦略という。**図2.4**のパレート図の80%の部分を指し、長い尻尾のような見た目からロングテールと名づけられた。

　ロングテール戦略では、基本的にインターネット通販、すなわちEコマースを実践する。楽天市場やアマゾンを想定してもらえばよい。

　ここで、ロングテール戦略のメリットとデメリットを、顧客と企業側に分けて**表2.4**と**表2.5**で示す[6]。主だった特徴を列挙したが、顧客、企業側どちらも明らかにメリットがデメリットを上回っているといえる。したがって、さらなる市場の伸びが期待できる。今までのビジネスでは、20対80の法則で、上位20%の人気商品で全体の売上の80%を稼ぐのが常識だったのに、Eコマースの普及によるロングテール戦略で、80%のその他大勢の「売れない商品」で、全体の売上の大部分を

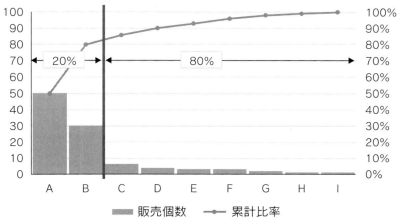

図2.4　20：80の法則とロングテール戦略

表 2.4　顧客のメリット・デメリット

顧客のメリット	顧客のデメリット
・24 時間、365 日ショッピングができる ・検索機能で、商品を探し出すことできる ・商品の価格を比較することができる ・商品を自宅まで配送してもらえる ・代金決済が、自動でできる ・店の評価ができる ・商品の特徴を、時間をかけて調べることができる	・ホームページの画像、文字情報を頼りに、商品を購入しなければならない

表 2.5　出店側のメリット・デメリット

出店者側のメリット	出店者側のデメリット
・実店舗に比べ、出店料が圧倒的に安い ・商品在庫を少なくできる ・ダイレクトメールの経費が安い ・広告宣伝費が安い ・店の模様替えは、ホームページの修正で簡単にできる ・顧客のよい評価が、宣伝になる ・商品知識を店員に教える労力がいらない ・24 時間、365 日店をオープンできる ・国内外すべての人を顧客にできる	・ショッピングモール上で、オープンプライスなので価格競争が激しい ・クレーマーに誹謗中傷を書かれることがある ・インターネットの活用やホームページの作成、修正にスキルがいる

確保する戦略が他を圧倒しはじめた。

　それでは、20対80の法則は廃れたか、というとそうではない。アメリカの小売大手のCO社は、徹底的に品数を絞り、実店舗で低価格で販売している。こうすることで、在庫リスクが減り、資産運用効率が高くなる。CO社の総資産回転率(売上高を総資産で割った値)は3.7倍とアメリカ流通業界でも屈指の高さであり、日本の主要な上場小売業の平均値(1.1倍)を大きく上回る[7]。

　どのような戦略も、採用したら自然に儲かるということはない。自社で苦労して編み出したオリジナルの戦略を考案して、実践し結果を出していただきたい。

2.3　経営戦略立案のための分析手法

　経営戦略を立案するには、外部環境と内部環境を綿密に分析する必要がある。外部環境には、政治、経済、社会、技術、市場、競合など、企業に影響を及ぼすさまざまな要因がある。内部環境には、人、もの、資金、情報などの経営資源と、それに関する自社の強み、弱みなどの要因がある。これらの過去、現在を正しく認識し、未来をできるだけ正確に予測することによって経営戦略は立案できる。

　本節では、これらの外部・内部の環境を分析する代表的な手法を解説する(表2.6)。

(1)　PEST分析
①　PEST分析とは

　企業を取り巻く環境は絶えず変化している。外部環境の変化をどう予測し、順応するかで企業の業績は決まる。将来の事業活動に影響を及ぼす環境変化を把握するため、PESTの視点で外部環境を洗い出し、その影響度や変化を分析する手法をPEST分析という。

表2.6 経営戦略立案のための分析手法

戦略立案手法	目的	内容
マクロ環境分析(PEST分析)	社会環境の変化が事業に及ぼす影響を分析する	将来の事業活動に影響を及ぼす可能性のある要素を把握するため、PEST(Political Economic Social Technological)の視点で外部環境を洗い出し、その影響度や変化を分析する
市場成長性分析	市場の成長率を予測する	過去の市場規模をできるだけ遡ってとり、パターンを分析することで、将来を予測する
製品・市場分析	ポジショニングと競合状況をつかむ	商品企画七つ道具などで、現行商品の比較と新商品を企画する
収益性分析	企業・事業の収益性を評価する	売上高利益率を中心に、事業の収益性を分析する
バリュー・ベースド・マネジメント	株主に対する価値の増加により事業を評価する	企業が長期的に利益の成長を続け、株主に貢献するため、企業戦略に財務の技法を持ち込んで生まれた経営手法である。経済性工学の手法を用いている
ファイブフォース分析	業界の収益性を決める5つの競争要因から、業界の構造分析を行う	「供給企業の交渉力」、「買い手の交渉力」、「競争企業間の敵対関係」という3つの内的要因と、「新規参入業者の脅威」、「代替品の脅威」の2つの外的要因の、計5つの要因から業界全体の魅力度を測る
資源配分分析	事業間の資源配分を行う	どの事業に予算や人材を優先的に投入するかを考える

表2.6 経営戦略立案のための分析手法(続き)

戦略立案手法	目的	内容
戦略要因分析	戦略要素を絞り込む	対象製品で、対象とする市場に参入し、事業展開をする場合、戦略の決め手となる要素を明確にする。例えば、QCDなど
プロダクト・ポートフォリオ・マネジメント	事業間に優先順位をつける	業界の魅力度と業界内における自社の位置づけにより、自社内の様々な事業の優先順位や投資配分を決定する
SWOT分析	自社の現状を分析する	目標を達成するために、事業やプロジェクトなどにおける、強み(Strengths)、弱み(Weaknesses)、機会(Opportunities)、脅威(Threats)を評価するのに用いられる戦略計画ツールの一つ
4Pと4C	マーティング戦略を構成要素をはっきりする	4PはProduct, Price, Place, Promotionのことである。4Cは、Customer Solution, Customer Cost, Convenience, Comminicationのことである
3C分析	KSF(Key Success Factor)を見つける	外部環境の市場と競合の分析からKSFを見つけ出し、自社の戦略に活かす分析をするフレームワーク。3Cとは、「市場(customer)」「競合(competitor)」「自社(company)」の頭文字

出典) 石川修一、大角盛広、今野勤、毛利進太郎、林坂弘一郎:『経営・経済のための情報科学の基礎』、共立出版、2011、p.33

PESTとは、政治的(P = political)、経済的(E = economic)、社会的(S = social)、技術的(T = technological)の頭文字をとったものであり、経営戦略策定、事業計画立案を行うマクロ環境分析の基本ツールとして知られている。PEST 分析では、この4つの視点で、外部環境に潜む自社にプラスないしマイナスのインパクトを与え得る要因を整理し、その影響度を評価していく[8]。**表 2.7** に具体的な PEST の要因を示す。

無数にある外部環境要因には PEST のどれに属するか迷うものもあるが、PEST 分析の目的は正確に要因を分類することではない。外部環境の変化が自社にどのような影響を与えるかを考えることが重要である。特に現状の環境が、5年、10年と年月が経つことによって、どのように変化するか予測することが大切である。PEST のそれぞれの項目について、シンクタンク、専門家、白書などの分析結果の資料を収集することが必要となる。PEST 分析が対象とするマクロの外部環境は、基本的には自社で管理できないものである。

これらのマクロ要因には、自社にプラスの影響を与えるものと、マイナスの影響を与えるものがある。プラスの影響を与えるものは、積極的に活用すべきである。マイナスの影響を与えるものは、対策を準備しておくべきである。企業を取り巻く環境は日々変化するため、事業を継続的に行うにはその変動やトレンドを確実に対処することが重要である。

② PEST 分析の例：電気自動車

日本の2つの主力産業である自動車と電機業界を例として取り上げ、解説していく。

どちらにも影響がある電気自動車を例に、PEST 分析を行った。この例の詳細を**表 2.8** に示す。

自社が自動車部品メーカーとすれば、プラス面とマイナス面は以下のようになる。

表 2.7 PEST 分析の 4 つの視点

4つの視点	具体的な視点	
Political 政治的環境要因	・法規制（規制強化・緩和） ・税制 ・裁判制度、判例 ・政府や官公庁の動向 ・訴訟問題のトレンド ・外圧、海外政府の動向 ・政治団体の傾向	・消費者保護 ・公正競争 ・政党の政策
Economic 経済的環境要因	・景気、個人消費、失業率 ・物価（インフレ・デフレ） ・成長率 ・輸出入の動向 ・金利・為替・株価	・消費動向 ・労働需要供給
Social 社会的環境要因	・人口動態 ・世論・流行 ・教育水準 ・治安・安全保障 ・宗教・言語 ・自然災害 ・自然環境	・公害 ・エネルギーコスト
Technoligical 技術的環境要因	・技術開発投資レベル ・新技術の普及度 ・代替技術の動向 ・特許	・技術革新 ・技術のライフサイクル

出典） 大内東、森本伸夫、高谷敏彦：『技術者のための現代経営戦略の方法』、コロナ社、2005、p.120 に加筆修正(経営戦略研究会：『経営戦略の基本』、日本実業出版社、2008、p.39 を参照)

表 2.8　電気自動車普及の PEST 分析

4つの視点	具体的な視点
Political 政治的環境要因	日本（未来開拓戦略や）CO_2 削減目標 政治的に不安定で、民主党の代表および首相が 1 年間で 3 人交代しようとしている（2010 年 9 月） エコカー減税とは環境対応車普及促進税制のことで、ハイブリッド車や電気自動車、燃費のよい小型車などの環境対応車を購入する人向けの優遇税制で、2010 年 9 月で切れる。 事業仕分けで、科学技術予算も減らされる（2010 年 5 月） アメリカ（グリーンニューディール政策） 太陽光発電などクリーンエネルギーへの積極投資（2025 年に総発電量の 25%） 原子力やバイオ燃料にも投資を継続 EU（各種アクションプラン） EU 全体で 2020 年までに再生可能エネルギー比率を 20% に引上げ EU 全体で、2020 年までに CO_2 排出量を 20% 削減（1990 年比） 中国（新エネルギー消費促進政策） 2012 年までに代替エネルギーに大規模投資 新エネルギー発電や送電インフラの整備
Economic 経済的環境要因	日本（未来開拓戦略や）CO_2 削減目標 為替相場が対ドルベース 84 円で急速な円高水準で推移している（2010 年）9 月 アメリカ（グリーンニューディール政策） 世界最大の自動車産業の EV/PHEV 対応による産業の再生 スマートグリッド成長源である IT 産業の次なるフロンティア開拓の強力支援 EU（各種アクションプラン） ギリシャ、ポルトガルなど経済の破綻 ユーロ安（1 ユーロ 108 円、2010 年 9 月） EU ではないがロシアの穀物輸出取りやめ 中国（新エネルギー消費促進政策） GDP が間もなく日本を抜く、元の切り下げ

表 2.8　電気自動車普及の PEST 分析（続き）

4つの視点	具体的な視点
Social 社会的環境要因	日本（未来開拓戦略や）CO_2 削減目標 人口の都心回帰がある 大学生の就職内定率が 80%（2010 年 5 月） アメリカ（グリーンニューディール政策） サブプライムローン破綻と経済危機による高止まりする失業率（2009 年 9 月で 9.6%）の改善・対応 環境分野で 500 万人以上の雇用を生む EU（各種アクションプラン） EU のユーロ圏 16 カ国で、失業率が 10% となっている（2010 年 5 月） 中国（新エネルギー消費促進政策） 中国の自動車生産高が、アメリカを抜き世界一へ（2009 年 1360 万台）
Technoligical 技術的環境要因	日本（未来開拓戦略や）CO_2 削減目標 急速充電システムの開発が進む アメリカ（グリーンニューディール政策） 世界的に市場拡大が進む環境分野へ大規模投資（今後 10 年間で、14.7 兆円） スマートグリッドでも国際展開を見越した技術標準化など企業レベルで進展 EU（各種アクションプラン） ドイツの環境技術を中東に供与している 中国（新エネルギー消費促進政策） レアアースの生産高が全世界の 97% に達している

出典）　A. T. カーニー　パートナー川原英司ほか著、日経 Automotive 編：『電気自動車が革新する企業戦略』、日経 BP 社、2009、p.17、p.211 をもとに作成

プラス面：
- ・電池の急速充電など技術分野の研究開発に予算がつく。
- ・太陽光発電、風力発電などのクリーンエネルギーを活用分野のマーケットが広がる。

- 次世代送電網、2次電池など日本の得意とする分野で国際標準を確立できる。

マイナス面：
- 機械部品における擦り合わせ技術のように、日本メーカーが得意とする分野での優位性がなくなる。
- 自動車の開発、製造が容易になり、新規参入企業が増える。
- 技術者離れにより人材獲得が難しくなる。

③ PEST分析の例：2018年8月時点での国内事業環境

以下に、国内の事業環境について、PEST分析を行った例を示す。ただし、2018年8月時点の例とする。

P（政治）：
- アベノミクスの行方、中国・韓国との関係性や問題が輸出にどう変化を与えるか。
- 廃棄物やCO_2などにかかわる環境関連の規制は、自社にどの程度影響するか。
- 各種減税は自社への追い風となるか。
- 働き方改革など法律の改正や規制緩和、アメリカ第一主義、米中貿易戦争など、国際社会との政治的なやり取りが自社に及ぼす影響はどの程度か。

E（経済）：
- 消費税が5％から8％に増税後の個人消費はどうであったか、消費者物価指数はどの程度上がっているのか。
- 2019年10月に消費税は10％になるが、どの程度景気は冷え込むか。
- ベアはどの程度になるのか。
- 円安での原材料高は、自社にどの程度マイナスのインパクトがあるのか。

・原材料費が上昇する分、どの程度値上げしても大丈夫か。

S（社会）：
・単身世帯が増えているため、少量の商品の方が売れる。
・可処分所得が多い年齢層は、高齢者と考えられる。
・少子化が進むことにより、高齢者関連ビジネスがますます伸びる。
・晩婚化で、どんな独身者を前提にしたビジネスにチャンスがあるか。
・震災以降、人々のつながりや絆が重要視されている。SNSはますます発展する。
・災害列島日本にとって、レジリエンスすなわち災害後の復旧を早めるビジネスが伸びる。
・2020年東京オリンピック終了後、景気はいったん落ち込むと考えられるが、どの程度か？
・2025年大阪万博が成功したら、関西の経済効果はどの程度か？

T（技術）：
・クラウド化を進めることは、自社にはどんなメリットがあるか。
・SNSを利用したプロモーションは自社製品ではどの程度有効か。
・AIが自社の事業にどんな変化を及ぼすのか。
・自社の技術でスマートハウス関連商品開発は可能か。自社もアプリ開発をする必要はないのか。

④ 海外進出時のPEST分析

次に、アジアなどの新興国に進出しようとする企業を想定し、PEST分析を行うと下記のようになる。

P（政治）：
・政権交代時のリスクはどうか。
・法人税率が低い国はどこか、外資への規制、優遇策などは何か。

- デモやクーデターのリスクはどうか、知財保護などの法律は整っているか。
  ※新興国は、法的に未整備の部分のある国もあり、政権交代で国の方針が変わることもあれば、国策として強化・成長させたい分野への投資を歓迎し優遇税制を取るなど、国によってその政策には大きな開きがある。

E（経済）：
- 経済成長率はどの程度か（現在・将来の市場の大きさの把握・推定）。
- 中間所得層は何パーセントか。
- 賃金水準はどの程度上昇する見込みか。
- 一人当たりのGDPはいくらで、どの程度の金額の商品が売れるのか。

S（社会）：
- 人口規模はどのくらいか。
- 人口構成（ピラミッド）を把握する。若い労働力が多いのか、人口ボーナス期はいつまで続くのか。
- 消費地としてのポテンシャルは大きいのか。
- 文化的・宗教的な背景を踏まえ、自社の製品をどうカスタマイズすれば売れるのか。
- ハラール認証は必要か[9]。
  ※ハラール認証：イスラム教徒（ムスリム）の日々の生活すべてにかかわる商品やサービスなどの提供をすべて含んだ認証制度。
- 教育水準を鑑み、現地採用は可能か。

T（技術）：
- インフラの整備状況、システム化されているか。
- 交通渋滞がひどく物流システムに滞りが生じていないか。

・停電が発生するため自家発電が必要ではないか。
・インターネットが高速で使用できる水準なのか。
・スマホの普及率はどの程度か　など。

④　PEST分析のポイント

PEST分析のポイントを列挙すると、以下のとおりである。
・客観的な目でマクロ環境を判断する。
・自社の状況とは切り離して評価する。
・法規制や政府の政策からは、必ず影響を受ける。

【問題2.3】

あなたは、大手銀行に就職を考えている学生である。大手銀行についてPEST分析をし、業界の将来性を考えよ。

【解答2.3】

P（政治）については、大手銀行は、国債の購入など政府、日銀などの介入を受けやすい。

E（経済）については、大手企業の株式を保有している。したがって、企業の業績がよいときは、保有資産が増加するが、業績が悪くなっても、簡単には手放せなくなる。

S（社会）については、大手銀行は、政府の保護を受けており、簡単には潰れない。安定しているといえるが、逆に官僚的で大きく成長するような業界ではないともいえる。

T（技術）については、インターネットを中心としたICT技術の影響を受けている。ひとりひとりの顧客を対象とした融資や、クレジットカード決済の分野の成長が見込める。

したがって、安定した人生を送りたい学生には向いている。また官僚的な体質の堅苦しい世界になじめる学生に適している就職先といえる（**表2.9**）。

表2.9 解答のまとめ

4つの視点	プラス面	マイナス面
P（政治）	政府、日銀に守られている	政府、日銀に命じられたことを守る。 　例　国債の買い付け
E（経済）	大手企業の株式を保有しており、景気がよいときは資産が増える	大手企業の株式を保有しており、景気が悪いときは資産が減るが、簡単には株を売却できない
S（社会）	政府の保護を受けており、簡単にはつぶれないし、社会的にステータスが高い	官僚的体質で、事業計画を簡単には変えられない
T（技術）	金融ネットワークなど新しい技術を採り入れ、金融システムをどんどん変える	資産を扱うために、セキュリティ対策に費用がかかる

(2) ファイブフォース分析

　ファイブフォース分析とは、ハーバード・ビジネス・スクールのマイケル・E・ポーター教授の考案した業界分析のフレームワークであり、ある業界を、

1) 業界内競争が激しいか否か
2) 新規参入障壁が高いか低いか
3) 代替品があるかないか
4) 消費者の力が強いか弱いか
5) 供給業者の力が強いか弱いか

という5つの観点から業界を分析するツールである（**図2.5**）。このとき、業界内の既存企業の立場から、その業界が魅力的か否かを分析する。以下で5つの観点について解説する。

2.3 経営戦略立案のための分析手法

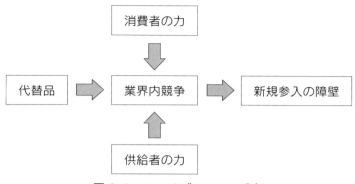

図2.5 ファイブフォース分析

1) 業界内競争が激しい
   → ということはライバルも多く、業界としての魅力は低い。
2) 参入障壁が低い
   → その市場に同業者が多くなる可能性があり、これも業界としての魅力度を下げる。
3) 代替品が存在する
   → 既存品・既存サービスの存在価値を弱める可能性があることを示す。
4) 消費者の購買時の交渉力が強い
   → 企業側の立場が相対的に弱く、このことも業界の魅力度を下げることになる。
5) 原材料などを供給する側の力が強い
   → 同様の理由から、その業界の魅力度を下げる要因である。

逆に、新興国で自国に有望な企業がなく、他の海外企業の進出する予定がないところは有望である。さらに法律や制度が、自社にとって優遇されるような制度があれば、参入障壁が低いといえる。例えば、自治体が工場建設用地を安く払い下げてくれることがある。このような例は参

入障壁が低い例のひとつである。

　代替品については、特殊な技術をもっている金型屋を例にするとわかりやすい。顧客は、仕事を依頼するか、しないかである。ライバル会社が現れるまでは、その会社の市場での優位性を保つことになる。消費者の交渉力に関して、一流ブランドもののバッグは、値引き交渉などはない。その価格で買うか買わないかである。したがって、商品のブランド価値を上げることは、企業にとって重要なことである。原材料についても、原油のように世界中で消費量を抑えようという動きになると、価格交渉力は購入する側にある。

① 　ファイブフォース分析の例：電気自動車

　マクロ環境分析と同様に、電気自動車を例に分析する（**表2.10**）。

　自社が自動車部品メーカーとすれば、有利な点は、

- 各自動車メーカーに部品を供給しており、各メーカーのEVの開発状況がわかる。
- 各国のマーケットの規制、マーケット情報がわかる。

である。一方不利な点は、

- リチウムイオン電池に関する化学系のエンジニアがいない。
- 機械部品工場や設備、排ガス分析装置などの大型設備が償却のネックになる。
- 希少金属の素材メーカーとの取引経験がない。

である。

② 　**牛丼業界のファイブフォース分析例**

1） 業界内競争

　市場の成長率が低い。同じ市場に多くのライバルがいれば当然、競争が激しくなる。業界成長率が低いと競争がとかく激しくなる、厳しい業界である。

表2.10 電気自動車業界のファイブフォース分析

ファイブフォース	競争相手	競争のポイント	業界状況
既存業者間の競合	三菱	コスト	・ハイブリッド車が普及し、それに伴ってEVの市場投入が増えてきた
	富士重工	性能	・2009年から三菱、富士重工が市販のEV車を市場投入している
	ダイムラー	品質	
	BMV	ブランド	
	TATAなど	開発スピード	
		販売力	
		広告宣伝	
新規参入の障壁	トヨタ	市場価格	・既存のガソリンエンジン自動車メーカーが、業界を構成している
	ホンダ	販売チャネル	・充電スタンドの普及が必要
	ニッサン	コスト	・航続距離を延ばす
	フォード	企業の信用力	・ガソリン車とのコストパフォーマンス
	BYD	営業力	
	HYUNDAIなど	広告宣伝	
代替品の脅威	BMW	市場価格	・HEVが業界に主流になりつつある
注1)	マツダ	流通ルート	・2009年からプラグインハイブリッド車が市場投入され始めた
注2)	トヨタ	機能	・水素自動車も実用化されつつある
	ホンダ	他市場への展開力	
消費者の交渉力	トヨタ	価格	・既存のガソリンエンジン自動車メーカーが、販売網を確保している
注2)	ホンダ	マージン	・ガソリン車の値段設定と比較される

表2.10 電気自動車業界のファイブフォース分析（続き）

ファイブフォース	競争相手	競争のポイント	業界状況
	ニッサン オートバックス イエローハット など	安定供給 信用力 商品ラインナップ	
供給業者の交渉力 注3)	パナソニック EV サンヨー LG Chem SK energy BYD A123 System	コスト 協調体制 納期 品質 系列 法令	・リチウムを供給する素材メーカーの供給力がポイントである ・リチウムイオン電池の充電時間の短縮がポイントである ・リチウムイオン電池の充電容量のアップがポイントである ・レアアースの供給は中国が握っている

注1) 水素自動車　注2) HEV　注3) 主に電池の供給
出典）A. T. カーニー　パートナー川原英司ほか著、日経 Automotive 編：『電気自動車が革新する企業戦略』、日経 BP 社、2009、pp.18～22 に加筆修正

2) 新規参入障壁

参入障壁が高い業界は、競争圧力は弱いのに対して、逆に参入障壁が低い業界は、競争圧力が強い。牛丼業界は製品の差別化がしにくいため、参入障壁は低く、新規参入は容易である。

3) 代替品

ある製品やサービスが他のもので容易に代替できる場合に競争が激しくなる。飲食業界に属するためファーストフードやラーメンなど代替品が効くので、それらが脅威となる。

4) 消費者の力

消費者の市場への集中度が高く、消費者の数が少なければ、消費者の

交渉力は強くなる。顧客は安いところに食べにいけばよいので、都会の人口の集中する地域での牛丼の交渉力は弱い。

5) 供給業者の力

供給側の業界が少数の企業に支配されていると売り手の交渉力は強くなる。ある大手牛丼チェーンは牛肉を米国産に強くこだわっていた。牛肉は幅広い産地から調達することができ、商品自体に個性もそれほど強くないので、材料を調達するスイッチングコストは低い。しかし大手牛丼チェーンは米国産牛肉にこだわるのであれば、米国の牛肉供給者の力が強いことになる。

6) 結論

牛丼業界は厳しい業界で、新規参入の魅力は低い。

③ ファイブフォース分析のポイント

ファイブフォース分析は、業界全体の魅力度の大枠を5つの視点で構造的に知るために有効なツールである。マイケル・ポーターは5つの項目をさらに細分化して、50項目にもわたる具体的な分析項目を記している[3]。

【問題2.4】

ある電機メーカーでは、パソコン業界への進出を考えている。ファイブフォース分析で、自社の進むべき方向性を見いだせ。

【解答2.4】

1. 業界内競争の視点

日本国内でも、N社、F社、T社、P社、海外勢では、A社、R社、AC社など多くのメーカーがしのぎを削っている。

2. 新規参入障壁の視点

すでに、前出のメーカーがあり、かついずれのメーカーの業績が芳しくない。

3. 代替品の脅威

　スマートフォンが普及し、キーボードの大きさ、電池の容量の差以外、パソコンとの差別化ができていない。むしろ、電話、ナビ機能、携帯性などでスマートフォンのほうが優れている。アップルの故スティーブ・ジョブズもパソコンはスマートフォンに替わると予言していた。

4. 消費者の交渉力

　パソコン価格の下落は年々続いており、3～4万円代のものまで現れてきた。2～3年前なら、20万円はするものであり、完全に消費者側に価格交渉力があるといえる。

5. 供給者の交渉力

　基幹部品のICメモリィは、事実上、I社の独占である。またOSは、M社のWがほぼ独占している。したがって、PCメーカーは、液晶パネルや、HDDやプリント基板、アプリケイションソフトウェアだけしか、差別化することができない。

6. 結論

　以上のように、パソコン業界に新たに参入するとしても、魅力が少ない業界といえる。

(3) プロダクト・ポートフォリオ・マネジメント

　プロダクト・ポートフォリオ・マネジメント(PPM：product portfolio management)とは、業界の魅力度と業界における自社の位置づけにより、自社内のさまざまな事業の優先順位や投資配分を決定する手法である。主に多数の事業をもつ多角化が進んだ企業や、多国籍企業で用いられる。元々はアメリカのボストン・コンサルティング・グループが考えた手法である。定量的にデータを分析することにより、伸ばすべき事業や商品を見分けることができ、経営資源を効率的に投入することができる。

① プロダクト・ポートフォリオ・マネジメントの手順

プロダクト・ポートフォリオ・マネジメントの手順は複雑なので、パソコンの売上データを例に使って簡潔に示す。縦軸の業界の魅力度は、商品の売上の伸び率を、横軸の自社の位置づけは、商品のシェアを具体例として採用した。なお、例題では、簡便な計算方法を提案している。

手順1　市場成長率を計算する

製品ごとに昨年と今年度の売上データ、今年度のシェアデータをまとめ、市場成長率を計算する(**表2.11**)

ボストン・コンサルティング・グループでは、市場成長率を次のように定義している。

$$市場成長率 = \left\{ \left(\frac{現在の市場規模}{n \, 年前の市場規模} \right)^{\frac{1}{n}} - 1 \right\} \times 100$$

表2.11　市場成長率の計算例

製品群	前年パソコン販売台数	本年パソコン販売台数	本年自社パソコン販売台数	自社シェア	市場成長率
A	3,359,063	3,683,313	522,834	14.2%	9.7%
B	1,935,691	2,037,721	772,682	37.9%	5.3%
C	1,052,140	1,142,348	207,858	18.2%	8.6%
D	2,316,391	2,500,906	520,600	20.8%	8.0%
E	3,327,895	3,401,991	506,271	14.9%	2.2%
F	1,021,427	1,102,041	199,703	18.1%	7.9%
G	1,209,085	1,247,650	204,916	16.4%	3.2%
合計	14,221,691	15,115,969	2,934,865		
平均値				20.1%	6.4%

手順2 相対マーケットシェアを計算する

市場における自社シェアと、自社を除く最大手と自社のシェアの比である相対マーケットシェアを計算する（**表2.12**）。相対マーケットシェアは、下記により求める。

　自社が1位の場合：自社のシェア／2位企業のシェア

　自社が2位以下の場合：自社のシェア／1位企業のシェア

手順3 バブルチャートを作成する

自社の製品群の売上をバブルの大きさで示し、ポートフォリオを作成する（**図2.6**）。図2.6より、製品群C、E、F、Gが問題であり、A、B、Dが自社の業績を支えていることがわかる。

手順4 製品ごとに戦略を決定する

自社シェア、市場伸び率の平均より大きいか小さいかの組合せで、それぞれの商品を、花形商品、金のなる木、問題児、負け犬に分類し（**図2.7**）、戦略を決定する（**表2.13**）。

基本的な考え方は、花形商品、金のなる木については、現状の戦略を維持し、競合の動きを注視する。問題児は戦略の転換が必要で、負け犬

表2.12 相対シェアの計算例

製品群	自社	競合(2位)企業	相対シェア	市場成長率
A	522,834	300000	1.74	9.7%
B	772,682	500000	1.55	5.3%
C	207,858	400000	0.52	8.6%
D	520,600	400000	1.30	8.0%
E	506,271	600000	0.84	2.2%
F	199,703	200000	1.00	7.9%
G	204,916	300000	0.68	3.2%
合計	2,934,865	2,700,000	1.09	

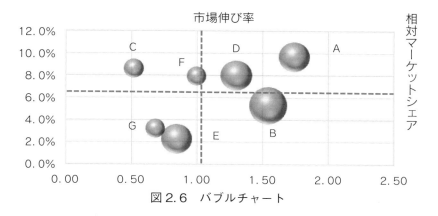

図2.6　バブルチャート

図2.7　プロダクト・ポートフォリオ

は撤退を検討する必要がある。

　以上がプロダクト・ポートフォリオ・マネジメントの実施手順である。
② **プロダクト・ポートフォリオ・マネジメントのポイント**
　プロダクト・ポートフォリオ・マネジメントは、具体的なデータを分析することによって、戦略的な考え方で、事業や商品を仕分けるのに有効なやり方である。しかし、分析しているデータはあくまで現状の姿なので、将来を予測して戦略決定することが重要である。

表2.13 プロダクト・ポートフォリオによる戦略

製品群	自社シェア	市場成長率	自社シェア	市場成長率	ゾーン
A	14.2%	9.7%	小	大	問題児
B	37.9%	5.3%	大	小	金のなる木
C	18.2%	8.6%	小	大	問題児
D	20.8%	8.0%	大	大	花形商品
E	14.9%	2.2%	小	小	負け犬
F	18.1%	7.9%	小	大	問題児
G	16.4%	3.2%	小	小	負け犬
平均値	20.1%	6.4%			

【問題2.5】
　あなたは、家電量販店の店長である。花形商品としてスマホがある。金のなる木としては、薄型テレビがあり、問題児は、空気清浄器がある。負け犬としては石油ストーブがある。商品ごとにどう対応するべきか論じよ。

【解答2.5】
　花形商品のスマホ、金のなる木の薄型テレビについては、シェアをとり、順調にマーケットが成長をしているので、現状のやり方を続ければよい。ただし、シェアを取られないようにライバル会社の動きに細心の注意を払い、情報を集めるべきである。
　問題児の空気清浄器は、シェアがとれない理由を分析し、対策を打つべきである。例えば顧客への認知度が低いのであれば、チラシを配布し、キャンペーンを強化すべきである。また顧客の購買動機を再度調査し、そのポイントについて商品のよさをアピールすべきである。負け犬の石油ストーブについては、早く撤退すべきである。

(4) SWOT分析
① SWOT分析とは

多面的に企業の業績を評価する測定項目の一覧を示す手法に、BSC (Balanced Score Card)がある。BSCでは、財務指標だけでなく、顧客、内部プロセス、成長と学習の視点で業績評価する経営管理の手法である。TQM(Total Quality Control)における方針管理の仕組みとよく似ている。

全社目標を事業部門別に展開し、各部門では目標をKGI(Key Goal Indicator)といわれる成果指標と、KPI(Key Performance Indicator)という業務遂行上の指標とに分解し、目標達成に向けてマネジメントを実施する。SWOT分析はBSCの中で、重要な実施項目を決めるために役立つ手法である。

SWOT分析とは、企業がおかれている状況を「強み」(strength)、「弱み」(weakness)、機会(opportunity)、脅威(threat)に分けて分析し、将来の戦略的可能性を明確にするフレームワークである。強みとは、技術力、人材、販売力、資金力などである。弱みとは、強みの逆の場合もあるし、知名度、立地条件のようなものもある。

② SWOT分析の例

ある自動車メーカーを想定し、電気自動車事業に関するSWOT分析の例を示す(**図2.8**)。

強み、弱み、機会、脅威について、できるだけ客観的な情報をもとに、SWOT分析を行う。売上、利益、資産、株価の時価評価、特許件数、客観的な立場の専門家の評価など、必要なデータは、かなりの量が公表されている。これらのデータだけでは不十分だとすれば、専門家による企業診断が有効である。また、ベンチマーキングするライバル企業を決め、自社と対比するとよい。

SWOTのそれぞれの交点から、積極攻勢、差別化戦略、段階的施

	「機会」(Opportunity)	「脅威」(Threat)
	1：中国、インド、ヨーロッパでEVを加速する政策が打ち出された 2：電機会社なども業界参入の動きで、市場の活性化 3：輩出ガス規制、エコポイントなどの環境政策の推進	1：原油価格高騰で、自動車から鉄道やバスに乗りものをシフトする 2：電気自動車は走行距離で、ガソリン車に負ける 3：電気自動車市場で新規参入企業の脅威 4：デフレ経済から抜けきれない。円高不況が追い打ち
「自社の強み」(Strength)	積極攻勢	差別化戦略
1：ガソリン車開発で培った自動車開発技術 2：グループ企業に電池などの基盤技術がある 3：電気自動車の開発で他社に先行している	積極的に、中国、インド、ヨーロッパ市場に電気自動車を投入する 販売促進費を大きく投入し、販売攻勢をかける 中国、インド、ヨーロッパに新工場を建設する	安全性と静かさを謳った電気自動車を投入する エコカー減税と小型で低価格帯の電気自動車を投入する
「自社の弱み」(Weakness)	段階的施策	専守防衛または撤退
1：品質問題をときどき起こす 2：販売網が他社に劣る	工場内外の緑化事業を展開する 中国、インド、ヨーロッパの自動車会社とに販売網を共有する	日本国内は、必要最小限の電気自動車の販売量にする

図2.8　電気自動車メーカーのSWOT分析

策、専守防衛または撤退の具体策を立案する。これらの策は、あくまでも案の段階なので、後ほど効果、実現性の観点で評価しなければならない。

③ SWOT 分析のポイント

4つのマトリックスの交点について戦略を立案する。基本的な戦略の考え方は、4つの視点の交点に示した。戦略を立案した後、関係者が集まって、既存の実施事項、これまでやったことがないこと、他社の実施例などを調べ、戦術を列挙し評価することで、有効な戦術を決定することが大切である。

第 2 章の引用・参考文献

[1] パナソニック社ホームページ：「経営理念」(2018 年 8 月 23 日閲覧)
https://www.panasonic.com/jp/corporate/jobs/new_gra/company.html
[2] 高橋宏幸、丹沢安治、花枝英樹、三浦俊彦：『現代経営入門』、有斐閣、2011、p.71
[3] 三谷宏治：『経営戦略全史』、ディスカヴァー・トゥエンティワン、2013、pp.82〜83、pp.142〜143
[4] 塩谷剛：「製品の機能次元におけるオーバーシュート」、『組織科学』、Vol.46、No.3、2013、pp.76〜86
[5] アイテック技術教育研究部編著：『高度専門　経営戦略と法務』、アイテック、2009、pp.30〜31
[6] 今野勤、大角盛広、毛利進太郎、林坂弘一郎：『文科系のための情報科学』、共立出版、2017、p.46
[7] 「強い企業　世界に学ぶ(下)　米、群を抜く資産効率　「少品種大量」極める」、日本経済新聞電子版、2018 年 8 月 22 日
https://www.nikkei.com/article/DGXMZO34455860S8A820C1MM8000/
[8] 石川修一、大角盛広、今野勤、毛利進太郎、林坂弘一郎：『経営・経済のための情報科学の基礎』、共立出版、2011、p.34
[9] (一社)ハラル・ジャパン協会HP：「ハラル(ハラール)について」(2018 年 11 月 3 日閲覧)
http://www.halal.or.jp/halal/

第3章　B to B マーケティング

本章では、B to B (Business to Business) マーケティングについて解説する。日本は製造業が強く、品質を中心とする顧客志向のマネジメントをする優良企業がデミング賞を受賞している。大半の企業が製造業であり、B to B マーケティングを展開している。

3.1　B to B マーケティングとは

B to B (Business to Business) マーケティングは、プロ同士の取引となる。例えば、自社が自動車部品メーカーであり、大手自動車メーカーの新車に自社部品を採用してもらいたい場面を想像するとよい(**図3.1**)。

お互い、相手が目の前におり、専門的な知識ももっており、QCD(品質、コスト、納期)などの要求は厳しい。

B to C (Business to Customer) では、顧客が不特定多数なので、結果として顧客の要求がはっきりわからない場合が多い。B to B においては、顧客の要求ははっきりしており、部品メーカーの立場では、自動車メーカーの要求する QCD に合わせられるかどうかが問題となる。

3.2　B to B マーケティングの特徴

B to B マーケティングにおいて、相手は専門家であることが多い。B to C との違いはそこにある。そこで、タイヤメーカーが、大手自動車

図3.1　B to B の例

メーカーの新型車向けに、新しいタイヤを開発し、納入する契約を取ろうとする場合を例に、B to B マーケティングの特徴を解説する。

（1） 顧客の購買力が大きい

B to B マーケティングでは、顧客に大きな購買力がある。したがって、契約を取りたい企業は組織的にチームを組んでマーケティング活動を展開しないと、契約を取ることはできない。

タイヤメーカーは、トップ、営業、技術、製造、品質保証がチームを組んで受注活動を展開する必要がある。一度、購買契約が成立すると、大手自動車メーカーの新型車が売れ続ける限り、タイヤの納入が続くことになる。逆にこの契約を競合他社に取られれば、数年に渡る売上を喪失することになり、業績に大きな影響を与える場合もある。

（2） 顧客との関係性が強い

B to B マーケティングでは、顧客との密接なリレーションシップが求められる。具体的にはタイヤメーカーと自動車メーカーの技術者同士で、タイヤへの要求仕様を詳細に詰める、タイヤ開発時の実験結果などのデータの開示と意見交換を行うなどである。

タイヤメーカーは、大手自動車メーカーの個々のニーズに合わせてタイヤをカスタマイズすることが求められる。タイヤの直径、硬さ、耐久性、価格、納期、供給量など、多岐にわたる要求に応えなければならない。これは顧客の製品開発から、販売が続く限り、続くことになる。

（3） 顧客の専門性が高い

B to B マーケティングでは、顧客が専門性の高い知識をもっている。大手自動車メーカーでは、新車を開発するときは、デザイナー、車体設計、エンジン設計、電子制御などのエンジニア、グローバル調達を

担当する購買部門、品質保証専門とするエンジニア、生産ラインを設計する生産技術のエンジニア、テストドライバーなど、専門の訓練を受けた多くの専門家が関わる。彼らの意見を集約して、購買担当者やエンジニアの代表との交渉、数々のテストをクリアすることによって、タイヤ選定が行われる。関連するドキュメントも見積書、仕様書、購買契約書、試験データなどの多くの文書やデータが必要となる。

(4) さまざまな専門家による購買選定

(3)で挙げた顧客のメンバーには、デザイン、技術、購買、品質保証などの専門家が多数おり、タイヤメーカーを選定する重大な意思決定にすべての専門家が関わってくる。すなわち、稟議書の印鑑の欄以上にさまざまな関係者が購買選定に参画する。

(5) 需要の派生

購買選定後、商品を納入し続け、顧客の評価がよいと、新たな契約が派生することがある。また大手自動車メーカーの販売台数が伸びれば、定期的にタイヤ交換が発生し、タイヤの小売が伸びることがある。もちろんこの逆のケースもあるので、自動車メーカーの評価、自動車メーカーの市場での評価がともによいときに、タイヤメーカーにとって派生する需要が大きくなる。

(6) 業者選定リストに入る

(2)で述べたように、B to Bはお互いの信頼関係を前提としたビジネスである。すなわち、大手自動車メーカーの新車が売れ続ける限り、タイヤを供給し、問題があれば対応しなければならない。例がよいかは別にして、大手自動車メーカーの業者選定リストに入るということは、東大の入学試験を毎年受け続けても通る実力がある、と認められたことに

なるが、逆にずっと受験勉強を続け、毎年入試を受けなければならないといえる。

(7) 顧客のシステム購買志向

　企業購買者の多くは、課題に対するトータル・ソリューションを販売業者1社から一括購入したいと考える。これがシステム購買である。例えば、インド政府は、新幹線の車両だけを買いたいのではなく、トータルシステムを購入したいのである。台湾新幹線は、車両は日本製だが、システムはフランス製、ゼネコンは韓国企業であったため、さまざまなトラブルにより開業が再三延期された。

　したがって、大手自動車メーカーが、品質、納期、コストに余裕があるときは、自社内でさまざまなタイヤに関するテストをする。しかし、時間的に余裕がなければ、テストを代行してくれる試験装置まで備えているタイヤメーカーに発注したくなる。大手自動車メーカーの立場になって考えれば、しごく当たり前のことである。

3.3　B to BマーケティングはB to B to C

　B to Cマーケティングのプロセスについて、第5章で次のように記述してある。
1)　市場を発見する。
2)　市場を定義し、自社商品の関係を明らかにする。
3)　市場を選択し、新製品の開発と製品ラインの拡張をする。
4)　選択した市場に対する製品アイデアを創出する。
5)　製品アイデアの精緻化とスクリーニングを行う。

　一方、B to Bマーケティングのプロセスは以下のようになる。
1)　市場(顧客)を発見する。
2)　市場(顧客)を定義し、自社商品(部品、素材など)の関係を明らか

図 3.2　B to B to C マーケティング

にする。
3) 市場(顧客)を選択し、新製品(部品、素材など)の開発と製品(部品、素材など)ラインの拡張をする。
4) 選択した市場(顧客)に対する製品アイデアの創出。
5) 製品(部品、素材など)アイデアの精緻化とスクリーニング。

　このように、B to B マーケティングも B to C マーケティングも、プロセスはよく似ている。しかし、大きく違う点は B to B マーケティングでは顧客に部品、素材を供給した後に、顧客による B to C マーケティングによって、結果が大きく左右されることである。その意味で、B to B マーケティングは B to B to C マーケティングと考えるとよい。

　具体例を挙げる。自動車メーカーは代理店を通して、自動車を販売しているがこれを省いて、自動車部品メーカーの立場で部品の流通形態を示すと図 3.2 になる。ここで、部品メーカーの部品が売れ続けるためには、自動車が売れなければならない。そのためには顧客に喜ばれ、売れる自動車を造り、販売するメーカーと取引しなければならない。すなわち、顧客に喜ばれる自動車メーカーに選択され、また自動車部品メーカーが自動車メーカーを選択できるようなることが重要である。この関係が構築できて初めて Win – Win の関係になる。

3.4　B to B マーケティングの勝ちパターン

　B to B マーケティングにおいて特に難しいのは、顧客を発見し、いかに具体的な取引に持ち込み、勝ち続けるかである。B to C マーケティングでよく用いる広告・宣伝などの華やかさはない。

ここで、筆者がいくつかの企業で実際に目にしたBtoBのいくつかの勝ちパターンを統合してまとめた6つのポイントを解説する。

ポイント1　市場の細分化と戦略の選択
これには、3パターンが考えられる。
1) 製品・市場分析マトリックスで、市場浸透戦略、市場開拓戦略、製品開発戦略、多角化戦略のいずれかを選択する（第2章参照）。
2) プロダクト・ポートフォリオを作成し、維持戦略、改善戦略、撤退戦略のいずれかを選択する（第2章参照）。
3) 取引データを解析し、維持戦略、改善戦略、撤退戦略のいずれかを選択する（第4章参照）。

1)は、市場の詳細なデータがなくても、市場と製品をしっかり定義できれば、対応する戦略は決まっているので、市場ごとに戦略を立てやすいが、戦略の具体性には乏しい。

2)は、事業または製品ごとの成長率、相対シェアを計算するので、詳細な市場データがあるときに有効な方法である。しかし、市場の詳細データは、専門の調査会社などに依頼しないと収集しにくい。

3)は自社のデータで解析するので、詳細な市場の分析ができる。しかし競合他社情報は、自社と同じレベルで収集することは難しいので、自社と競合他社の比較が難しい。

自社のおかれている状況で、1)〜3)の方法を選択してほしい。

ポイント2　情報収集へのトップの関与
既存市場、新市場のどちらでも、担当者よりはトップの人脈の方が一般的に広範囲である。トップ同士のつながりで、顧客企業のキーマンを紹介してもらえたら、営業プロセスは一気に進む。キーマンに到達する時間と労力を節約するうえでも、またトップ自身も商談プロセスに参画しているという参画意識をもつことになる。

ポイント3　営業指標の工夫

営業の指標は、売上、利益のほかに、商談プロセス進捗度（契約成立のどの段階まで来ているかなどを把握する）、契約の受注見込み（どれだけの確率で受注が取れそうか）などがある。

その中で、代表的な営業指標に次の2つがある（**図3.3**）。

　　　カバー率＝見積り（引合い）参加件数／全見積り（引合い）件数
　　　ヒット率＝受注獲得件数／見積り提出件数

ヒット率は、企業、事業部、市場、顧客ごとに算出すれば、効率のよい営業活動ができているかはっきりするのでわかりやすい。

しかしカバー率は難しいところがある。見積り（引合い）参加件数は社内の実績があるので把握できる。しかし国内、海外を含めた市場にどんな案件がどれだけあるかを探索できるかは、企業の情報収集能力に依存する。分母をどこまで正確にカバーできるかは一つのポイントである。これを、企業、事業部、市場、顧客ごとに算出すれば、市場をどこまでカバーできているかがはっきりする。

ポイント4　顧客ファイルの共有化

顧客に関する情報は、一元化して管理しできるだけ社内で共有化する。しかし、機密性の高い情報なのでブロックチェーンなどのセキュリ

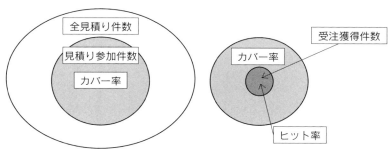

図3.3　カバー率とヒット率

ティの高いデータ管理の方法を採用することが重要である[1]。

ポイント5　lose-win 分析を行う

営業努力をした結果、失敗する場合も、成功する場合もある。lose-win 分析を行うことによって双方を対比しながら、成功する場合と失敗する場合のポイントを、訪問回数、価格、納期など、できるだけ定量的に分析し、明確にする必要がある。

ポイント6　訪問、招待、展示

訪問は、顧客への訪問であり、自社のだれが、顧客のだれにどのタイミングで会い、どんな話をするかがポイントである。招待は、訪問と基本的に同じだが、自社のより多くの関係者が動員でき、自社の開発、製造現場も案内できる。展示は自社の展示室もあるが、展示会に参加し、ライバル会社とお互いの製品・サービスの質を競い合うことである。この場で、競合他社に対して優位に立てば、商談プロセスが一気に進むことになる。

これらの活動を組織的に行うことによって、個人プレーではなく組織的なマーケティング活動が展開されることになる。

第3章の引用・参考文献

[1]　Blockchain Biz：「ブロックチェーンの仕組み」(2018年9月4日閲覧)
　　http://gaiax-blockchain.com/blockchain-first-book

第4章 マーケティングに役立つ統計解析手法

　本章では、マーケティングを実施する際に基本となる単回帰分析、重回帰分析、数量化理論Ⅰ類を取り上げて解説する。これらの手法は、$y=f(x)$ダイアグラムの考え方を、線形1次方程式で表した統計解析手法である。実用性の高さは西内（2013）でも紹介されている[1]。$y=f(x)$ダイアグラムについては、4.1節で解説する。

4.1　統計解析手法と$y=f(x)$ダイアグラム

　関数$y=f(x)$において、yは結果を、xは要因を意味する。fは、要因と結果を結ぶ因果関係のことである。ここでひとつの考え方として、企業におけるyの最上位は企業の利益であるとする。するとこの下位には、経営機能に応じたyがあり、それらのyに因果関係がある要因xが存在する。これらの関係をダイアグラムで表現したのが、$y=f(x)$ダイアグラムである。

　以下、$y=f(x)$ダイアグラムの作成手順を解説する。

手順1　事業利益を最上位に、QCDなどを2番目にし、ダイアグラムを描く

　テーマに関して、最上位にあるyを一番上に、yを構成する次のyを2番目に表示する（**図4.1**）。例では事業利益を最上位のyにして、次のyはQCDなどとしている。

手順2　企業の戦略的テーマから、対象となる製品やプロセスと関係するyを取り上げる

　yは1段階ではない。企業の規模と組織に応じて、部門、機能など、

62　第4章　マーケティングに役立つ統計解析手法

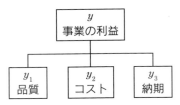

図4.1　$y=f(x)$ の最上位の y のダイアグラム

何階層にもなることがある。したがって、末端の y まで展開してから、これらの要因となる x を選定する。すなわち上位の y に対して、下位の y は要因となる。上記の具体例では、事業利益の y に対し、品質 y_1、コスト y_2、納期 y_3 と続いている。

手順3　展開された下位の y に対する x を列挙する

　テーマの y を展開し、最下層の y を展開したら、これらの y の要因となると考えられる項目 x を列挙する（**図4.2**）。そして、$y=f(x)$ ダイアグラム全体を見直し、抜け落ちがないか、データがあるかどうかを吟

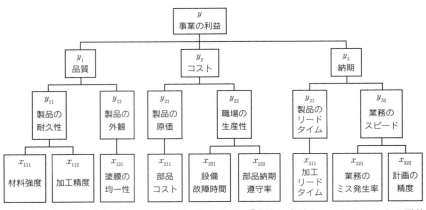

出典）今野勤、安部有正、池田光司、鈴木英昭：『実務に直結！　エクセルによる即効問題解決』、日科技連出版社、2004、p.20

図4.2　x の列挙

味し、データの収集方法を考える。

ここで重要なことは、$y=f(x)$ダイアグラムで表現した内容は、すべて仮説だということである。すなわち仮説は、データで検証してはじめて仮説でなくなる。収集したyとxのデータを統計解析手法で解析し、立証して初めて、$y=f(x)$ダイアグラムは本当の価値をもつのである。

4.2　単回帰分析

マーティングにおける重要な結果指標のひとつが、売上である。結果に影響を与える要因が何かを探索することが、売上に影響を与える要因を見つけ、対策を講じることの第一歩になる。

一般的なコンビニなどの小売店を想定すると、結果指標として、日々の売上金額、要因として来客数を取り上げることがある。これを統計的に解析し、売上と来客数の関係性の有無を解析し、予測式を導き出す手法に単回帰分析がある。

単回帰分析の構造式は非常にシンプルで、次のとおりである。

$$y_i = b_0 + b_1 x_i + e_i \tag{4.1}$$

目的変数y_i、説明変数x_iはそれぞれ1つで、b_0、b_1は偏回帰係数である。マーケティングでは、目的変数に売上金額、説明変数に来客数とすると、b_1は客単価で、e_iは誤差である。

あるお店について、来客数(要因系)によって、売上金額(結果系)が変化するかを解析する(**表4.1**)。

表4.1のデータについて、x軸(来客数：要因系)、y軸(売上：結果系)として散布図に表すと**図4.3**になる。この図から、来客数が増えると売上が伸びていることがわかる。

64　第4章　マーケティングに役立つ統計解析手法

表4.1　売上データ(一部)

日	来客数(人)	売上(万円/日)
1	29	50
2	32	49
3	29	46
4	28	51
5	25	44
6	28	46
7	31	52
8	31	52
9	32	51
10	23	42

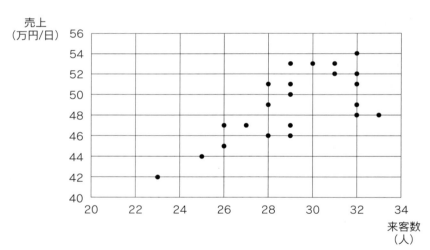

図4.3　売上と来客数の散布図

(1) 相関係数と相関関係

ここで、要因と結果の因果関係を表す指標に相関係数があり、(4.2)式で表す。

$$r = \frac{\sum_{i=1}^{n}(x_i-\bar{x})\cdot(y_i-\bar{y})}{\sqrt{\sum_{i=1}^{n}(x_i-\bar{x})^2 \cdot \sum_{i=1}^{n}(y_i-\bar{y})^2}} \quad (4.2)$$

r：x、y の相関係数
r^2：x の y への寄与率

散布図、すなわちデータプロットは、関係をグラフ上に表示するものである。

相関係数は -1〜$+1$ の範囲の値をとる。相関係数が $+1$ に近づくと正の相関関係があると判断され、**図4.4**のようなデータプロットになり、右肩上がりとなる。図4.3の来客数と売上の関係は、正の相関関係といえる。

相関係数が -1 に近づくと負の相関関係があると判断され、**図4.5**

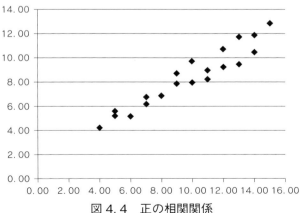

図4.4 正の相関関係

66　第4章　マーケティングに役立つ統計解析手法

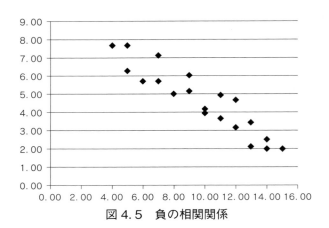

図4.5　負の相関関係

のようなデータプロットになり、右肩下がりとなる。例えば、自社が競合店の近くにあり、競合店がキャンペーンなどで売上を伸ばすと、自社の売上は、右肩下がりとなることがある。すると、相関係数は－1に近づく。

　相関係数が0に近づくと相関関係がないと判断される。これを無相関といい、**図4.6**のようなランダムな点の配置となる。例えば、1カ月間

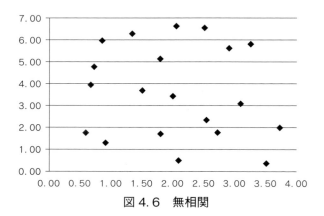

図4.6　無相関

毎日の気温の変化と来客数の関係を調べたが、自社の売上に影響がなかったと考えられる。

グラフ上に点をプロットしたら、点群間を通るように直線を右に向かって記述することで、その相関の様子を見ることができる。具体的には、最小2乗法により、1次方程式を求めることで直線を記述できる。

直線の方程式は、直線から y 方向のズレ量 ε がなるべく小さくなるように直線を決めてやればよい。すなわち、$\sum \varepsilon^2 = \sum \left(y_i - \left(\hat{\beta}_0 + \hat{\beta}_1 x_i \right) \right)^2$ が最小になるように、偏回帰係数 $\hat{\beta}_0$ と $\hat{\beta}_1$ を決めてやればよい。この方法を最小2乗法という（**図 4.7**）。

例として、改善のために、**表 4.2** に示す現状の売上と目標の売上の差を比較し分析する。**図 4.8** に回帰式による売上の予測値を示す。その結果、現状の売上を目標に近づけるには、来客数を 30 人にしなければならないことがわかる。

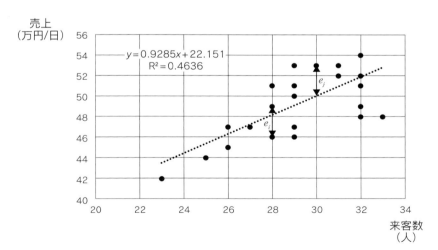

図 4.7　最小2乗法の概念

表 4.2 売上予測

来客数(人)	売上(万円/日)
20	40.7
22	42.6
24	44.4
26	46.3
28	48.1
30	50.0

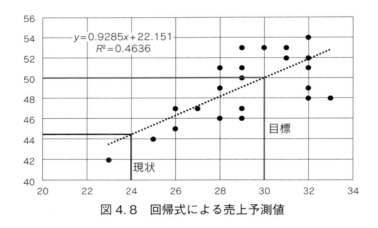

図 4.8 回帰式による売上予測値

4.3 重回帰分析

重回帰分析は、目的変数 y が1つで、説明変数 x が2つ以上ある場合の回帰分析である。単回帰分析と同様に目的変数に売上をとったとすると、このときの説明変数は、来客数、チラシの配布枚数、競合店の売上など複数考えられる。

重回帰分析の構造式は以下のとおりである。

$$y_j = b_0 + b_1 x_{1j} + b_2 x_{2j} + \cdots + b_m x_{mn} + e_j \tag{4.3}$$

y_j：j 番目のサンプルの目的変数の値

x_{ij}：j 番目のサンプルの i 番目の説明変数の値

b_i：i 番目の説明変数の偏回帰係数

e_j：j 番目のサンプルの予測誤差

$$e_j^2 = \{y_j - (b_0 + b_1 x_{1j} + b_2 x_{2j} + \cdots + b_m x_{mn})\}^2 \tag{4.4}$$

(4.4)式のように、残差の2乗を最小にするように、切片、偏回帰係数で偏微分し、ゼロとおいて解を求めるのが、重回帰分析の最小2乗法である。

単回帰式での偏回帰係数の有意性は、以下のとおりである。

$y = \beta_0 + \beta_1 x$

帰無仮説：$\beta_1 = 0$

対立仮説：$\beta_1 \neq 0$

重回帰式の有意性：

$y = \beta_0 + \beta_1 x_1 + \beta_2 x_2$

帰無仮説：$\beta_1 = b_2 = 0$

対立仮説：$\beta_1 \neq 0$、$\beta_2 \neq 0$ （少なくとも1つはゼロでない）

ここで、ある店舗の売上を例に、重回帰分析の計算手順を示す(データは一部)。

手順1　分析用データをまとめる

各種のデータをまとめる(表4.3、4.4)。

手順2　相関分析を行う

相関係数を求める。

手順3　分析ツールで重回帰分析を行う

重回帰分析を行う。このとき、P値は、モデルにおける各項の有意レベルを示している

通常、P値が0.05以下の場合、変数は有意性があると考えられる(すなわち帰無仮説が棄却される)。P値が0.10を超過する場合は、その項

表 4.3　分析用データ

日	x_1：来客数	x_2：店員＋パートの時間当たり在籍数	x_3：ネットでの注文数	売上（千円）/日
1	1572	29.98	519	3089
2	1684	33.10	497	3108
3	1748	32.19	460	3033
4	1999	33.00	427	3077
5	1797	38.60	601	3207
6	1948	38.69	581	3294
7	1884	35.40	520	3210
8	1682	38.90	524	3126
9	1985	30.78	479	3216
10	1924	37.71	508	3210

表 4.4　相関係数一覧

	x_1　来客数	x_2　店員＋パートの時間当たり在籍数	x_3　ネットでの注文数	売上（万円）
x_1　来客数	1.000			
x_2　店員＋パートの時間当たり在籍数	−0.126	1.000		
x_3　ネットでの注文数	−0.158	0.062	1.000	
売上（万円）	0.412	0.053	0.725	1.000

をモデルから削除する。

手順 4　変数選択をする

　P 値の判定基準で、必要な変数を選択する（**表 4.5**）。

表4.5 選択されたデータ

日	x_1：来客数	x_3：ネットでの注文数	売上(千円)/日
1	1572	519	3089
2	1684	497	3108
3	1748	460	3033
4	1999	427	3077
5	1797	601	3207
6	1948	581	3294
7	1884	520	3210
8	1682	524	3126
9	1985	479	3216
10	1924	508	3210

手順5 シミュレーションし、最適解を求める(一部分)

データ欄に切片は1、x_1、x_3のデータを入力し、回帰方程式に結果を求める。目標に近づけるために、x_1、x_3のデータを入れ替える。

シミュレーションを行い、最適解を求める(**表4.6**)。これで、売上についてどの要因がどのように影響しているかを分析できる。

表4.6 シミュレーション

	係数	標準誤差	t	P値	下限95%	上限95%	下限95.0%	上限95.0%	データ	SL
切片	2080.141	105.3973	19.7362	1.426E-17	1863.884	2296.399	1863.884	2296.399	1	2080.1
x1 来客数	0.281678	0.044203	6.372444	7.97787E-07	0.190982	0.372374	0.190982	0.372374	1630	459.1
x3 ネットでの注文数	1.101354	0.115265	9.554937	3.7363E-10	0.864849	1.337859	0.864849	1.337859	600	660.8
										3200.1

4.4 多重共線性への対応

要因同士が相関関係をもつことがある(従属という)。このような状況は、多重共線性(Multicollinearity)として知られる。

注) 回帰での多重共線性とは、モデル内の一部の予測変数が他の予測変数と相関しているときに起こる状態である[2]。

多重共線性によって、以下のような問題が発生することがある[2]。

1) 計算ソフトウェアがエラーを出力し、計算できなくなる。
2) 相関分析では、相関係数がプラスでも、重回帰分析では偏回帰係数がマイナスになるなど、逆転現象が起きる。

特に2)は深刻で、重回帰分析の結果の意味づけができなくなる。具体的な例題を通じて、この問題の確認と簡便な対処の方法を解説する。

(1) 多重共線性の確認

表 4.7 の問題を考える。あるホームセンターのチェーン店20店舗分の売上データ(万円/日)と、店舗の条件データである。

表 4.7 のデータを相関分析した結果を**表 4.8**に示す。

濃いアミカケの部分の3つの変数間と、薄いアミカケの2つの変数間で、相関係数が高く、多重共線性の発生が予測される。

変数選択をしないで回帰分析した結果を、**表 4.9** に示す。

表 4.8 と表 4.9 において、売上(y)との単相関が、正であるのに偏回帰係数が負になっているのは、表 4.9 の数字が白抜きになっている部分である。多重共線性を起こしている説明変数は、分散拡大因子(10以上)、トレランス(0.1以下)[3]を計算して判別し、説明変数から外していく。

しかし、Excelの分析ツールには変数選択機能がないので、以下のような手順で変数選択をすると、比較的うまくいく。

4.4 多重共線性への対応　73

表 4.7　店舗の売上データ（一部）

データNo.	平均電話注文	時間当たり正規店員	時間当たりアルバイト店員数	実営業時間	従業員延接客数	総店員数	広告宣伝費(万円/週)	チラシ配布数(百枚/週)	配達件数	イベント	売上(万円/日)
店舗1	32	3.15	2.88	16	980	20	4.7	5	5.1	1	269.1
店舗2	32	3.15	2.88	16	980	20	4.7	5	5.1	0	269.7
店舗3	32	3.14	2.86	14	991	9	4.8	5.2	5	1	268.7
店舗4	32	3.14	2.86	14	991	9	4.8	5.2	5	0	269.5
店舗5	31	3.15	2.85	15	984	11	4.7	5	5.1	1	268.6

表 4.8　相関分析の結果

	平均電話注文	時間当たり正規店員	時間当たりアルバイト店員数	実営業時間	従業員延接客数	総店員数	広告宣伝費(万円/週)	チラシ配布数(百枚/週)	配達件数	イベント	売上(万円/日)
平均電話注文	1.000										
時間当たり正規店員	0.127	1.000									
時間当たりアルバイト店員数	−0.103	0.831	1.000								
実営業時間	0.026	0.393	0.219	1.000							
従業員延接客数	−0.019	0.951	0.866	0.308	1.000						
総店員数	0.247	−0.406	−0.307	0.059	−0.548	1.000					
広告宣伝費(万円/週)	0.391	0.281	0.127	0.043	0.088	−0.127	1.000				
チラシ配布数(百枚/週)	0.457	0.277	0.080	0.022	0.067	−0.110	0.980	1.000			
配達件数	−0.304	−0.757	−0.483	−0.432	−0.750	0.452	−0.043	−0.115	1.000		
イベント	0.000	0.000	0.000	0.000	0.000	0.000	0.000	0.000	0.000	1.000	
売上(万円/日)	0.090	0.445	0.408	0.061	0.415	−0.090	0.205	0.186	−0.259	−0.823	1.000

74　第4章　マーケティングに役立つ統計解析手法

表4.9　回帰分析の結果

	係数	標準誤差	t	P値
切片	283.7963	29.17462	9.727507	4.5E−06
平均電話注文	−0.145414	0.157977	−0.92048	0.381334
時間当たり正規店員	−2.24852	9.895695	−0.22722	0.825328
時間当たりアルバイト店員数	−2.5959	3.586979	−0.7237	0.487633
実営業時間	−0.0793	0.045128	−1.75723	0.112753
従業員延接客数	0.012051	0.011739	1.026625	0.331397
総店員数	0.072311	0.035195	2.054554	0.070095
広告宣伝費(万円/週)	0.864578	0.709573	1.218449	0.254028
チラシ配布数(百枚/週)	−0.56397	0.755608	−0.74638	0.474482
配達件数	−1.56186	2.114274	−0.73872	0.478896
イベント	−0.9	0.089443	−10.0623	3.4E−06

手順1　多重共線性が起きている要因をリストアップする

　表4.8の相関分析の結果を参照する。

手順2　y との相関が高い説明変数は残す

　すなわち、y と相関が低いほうから、説明変数から外す。

手順3　手順2を多重共線性が起きている変数がなくなるまで続ける

手順4　P値が0.1より大きいものを大きい順に説明変数から外す

　手順3までが終了したデータを**表4.10**に、解析結果を**表4.11**に示す。

　なお、平均電話注文などいくつかの変数で偏回帰係数が負になっているが、元々の相関係数が低いのと、P値が大きいという理由で、手順4で外される可能性が高い。

　手順4を何回か実施した結果を**表4.12**に示す。

　シミュレーションをした結果を**表4.13**に示す。これらより、売上を

表4.10 多重共線性がなくなったデータ(一部)

データNo.	平均電話注文	時間当たり正規店員	実営業時間	総店員数	広告宣伝費(万円/週)	配達件数	イベント	売上(万円/日)
店舗1	32	3.15	16	20	4.7	5.1	1	269.1
店舗2	32	3.15	16	20	4.7	5.1	0	269.7
店舗3	32	3.14	14	9	4.8	5	1	268.7
店舗4	32	3.14	14	9	4.8	5	0	269.5
店舗5	31	3.15	15	11	4.7	5.1	1	268.6

表4.11 解析結果

	係数	標準誤差	t	P値
切片	244.6614	17.22887	14.20066	7.26E-09
平均電話注文	-0.06868	0.150598	-0.45606	0.656487
時間当たり正規店員	8.680011	2.327503	3.729323	0.002877
実営業時間	-0.061367	0.037576	-1.63315	0.128382
総店員数	0.030255	0.022158	1.365442	0.197164
広告宣伝費(万円/週)	0.105581	0.123344	0.855981	0.408775
配達件数	-0.02574	1.618087	-0.01591	0.987568
イベント	-0.9	0.090907	-9.90023	3.99E-07

表4.12 最終結果

	係数	標準誤差	t	P値
切片	248.1296	4.105118	60.44397	2.75E-21
時間当たり正規店員	6.863057	1.320651	5.196722	7.28E-05
イベント	-0.9	0.093608	-9.61456	2.75E-08

最大にする場合、イベントを開催しても逆に0.9万円/日売上を下げる。すなわち、効果があまりない。時間当たり正規店員数は、効果が見込めるので、データの最大値を入れた結果が、表4.13である。

表 4.13 シミュレーション結果

	係数	標準誤差	t	P値	データ	シミュレーション
切片	248.1296	4.105118	60.44397	2.75E−21	1	248.130
時間当たり正規店員	6.863057	1.320651	5.196722	7.28E−05	3.15	21.619
イベント	−0.9	0.093608	−9.61456	2.75E−08	0	0.000
合計						269.748

すなわち、269.748万円/日の売上が見込めることになる。

4.5 数量化理論Ⅰ類

数量化理論Ⅰ類は、カテゴリーデータを扱う重回帰分析である。構造式は下記のとおりである。

$$y_{ij} = b_0 + b_{11}x_{11} + b_{12}x_{12} + b_{13}x_{13} + \varepsilon$$

x は 0、1 データである。

ポイントは、直交表を次のようにデータ変換することである。

第1水準 → 1 0 0

第2水準 → 0 1 0

第3水準 → 0 0 1

このままでは、多重共線性が発生して計算不能になるので、最後に1つの水準を選択し、対応する列を削除する。

以下に、数量化理論Ⅰ類の実施手順を例によって説明する。

手順1 解析データをまとめる(一部)

この例では、売り場と店員の組合せによって、製品の売上個数がどのように変わったかをまとめたものである(表 4.14)。

手順2 1つの水準を選択し対応する列を削除する(一部):表 4.15

4.5 数量化理論 I 類

表 4.14 売り場と店員の組合せ

店員 No.	売り場		店員			販売個数
	売り場 A	売り場 B	店員 A	店員 B	店員 C	
1	1	0	1	0	0	43
2	1	0	1	0	0	38
3	1	0	1	0	0	39
4	1	0	1	0	0	40
5	1	0	1	0	0	37
6	1	0	0	0	1	32
7	1	0	0	1	0	37
8	0	1	1	0	0	29
9	0	1	0	1	0	28
10	0	1	0	1	0	20

表 4.15 1列ずつ削除

店員 No.	売り場	店員		販売個数
	売り場 A	店員 B	店員 C	
1	1	0	0	43
2	1	0	0	38
3	1	0	0	39
4	1	0	0	40
5	1	0	0	37
6	1	0	1	32
7	1	1	0	37
8	0	0	0	29
9	0	1	0	28
10	0	1	0	20

手順3　分析ツールで重回帰分析をする：表4.16
手順4　シミュレーションをする

店員A、B、C、売り場A、Bの合計6パターンのシミュレーション結果を(**表4.17**)に示す。

表4.16　重回帰分析

回帰統計	
重相関 R	0.878436
重決定 R^2	0.771649
補正 R^2	0.728833
標準誤差	3.735651
観測数	20

分散分析表

	自由度	変動	分散	観測された分散比	有意 F
回帰	3	754.5186	251.5062	18.02254337	2.2E−05
残差	16	223.2814	13.95509		
合計	19	977.8			

	係数	標準誤差	t	P値	下限95%	上限95%	下限95.0%	上限95.0%
切片	29.67486	2.477643	11.97705	2.1153E−09	24.4225	34.92723	24.4225	34.92723
売り場A	9.590164	2.343187	4.092786	0.000849309	4.62283	14.5575	4.62283	14.5575
店員B	−2.74863	2.612476	−1.05212	0.308376441	−8.28683	2.789566	−8.28683	2.789566
店員C	−6.10656	2.663068	−2.29305	0.035729917	−11.752	−0.46111	−11.752	−0.46111

表4.17　シミュレーション結果

	係数	標準誤差	t	P値	下限95%	上限95%	下限95.0%	上限95.0%
切片	29.67486	2.477643	11.97705	2.12E−09	24.4225	34.92723	24.4225	34.9272303
売り場A	9.590164	2.343187	4.092786	0.000849	4.62283	14.5575	4.62283	14.557498
店員B	−2.74863	2.612476	−1.05212	0.308376	−8.28683	2.789566	−8.28683	2.78956615
店員C	−6.10656	2.663068	−2.29305	0.03573	−11.752	−0.46111	−11.752	−0.461107

		売り場	
		売り場A	売り場B
店員	店員A	39.3	29.7
	店員B	36.5	26.9
	店員C	26.9	33.2

以上のように、単回帰分析、重回帰分析、数量化理論Ⅰ類を使うことによって、市場で起きている現象はかなりの部分が分析できる。多重共線性が発生している場合は、相関分析によって要因間の相関が高いときに起きる。この場合は、JUSE-StatWorks などの専用ソフトウェアで変数選択をすることによって、簡単に問題解決できる。さらに複雑な現象が起きる場合もあるが、それに対しては曲線回帰やロジット回帰などの方法がある。この話題は多変量解析の専門書に譲る[3]。

第 4 章の引用・参考文献

[1]　西内啓：『統計学が最強の学問である』、ダイヤモンド社、2013、p.179
[2]　Minitab® 18 サポート：「回帰での多重共線性」(2018 年 11 月 3 日閲覧)
　　https://support.minitab.com/ja-jp/minitab/18/help-and-how-to/modeling-statistics/regression/supporting-topics/model-assumptions/multicollinearity-in-regression/
[3]　田中豊、垂水共之、脇本和昌：『パソコン統計解析ハンドブックⅡ　多変量解析編』、共立出版、1985、pp.258〜263

第5章 市場セグメントとターゲットの明確化

本章では、マーケティング活動で重要な、市場を細分化し、いくつかのセグメントに分けること、および、どのセグメントを攻めるか、すなわち、ターゲットを明らかにする方法について解説する。

5.1 市場細分化のレベル

企業において、市場を分析し、定義し、どの市場に参入するかを選択するかは重要なことである[1]。G.L. アーバンら(1989)の研究によれば、市場への参入機会を発見するには、3.3節で解説した5つのステップがある。
1) 市場を発見する。
2) 市場を定義し、自社商品の関係を明らかにする。
3) 市場を選択し、新製品の開発と製品ラインの拡張をする。
4) 選択した市場に対する製品アイデアを創出する。
5) 製品アイデアの精緻化とスクリーニングを行う。

市場を定義する製品群を発見することは、どの市場に参入すべきかを決定するために重要である。この際に、マーケット・セグメンテーションの概念が有効である。マーケット・セグメンテーションとは、他の消費者とは異なるニーズや反応をもつ、相対的に似通った消費者群を識別することである。

マーケット・セグメンテーションを決める基準は、人口統計学的および社会経済的要因、態度、使用率、選好/選択の4つがある。それぞれの基準に対応する代表的な尺度として、性別、ライフスタイル、ヘビー/ライト、価格弾力性などがある[2]。

これらの変数は無数に考えられる。代表的変数だけでもコトラー(1994)、コトラー&ケラー(2014)に詳細な記述がある[2] [3]。

ここで、マーケット・セグメンテーションにおける、選好セグメントの3つのタイプについて、国内で販売されている乗用車を例に解説する（**図5.1**）。なお、選好セグメントとは、顧客の欲求によって分類された市場のことである。

タイプ1　均質型選好

顧客が自社製品に対し、機能、性能、スタイリングなど、すべての項目に中間的な好み、すなわち選好度をもつタイプである。ここで選好度とは、他社より自社の製品が選ばれる割合をいう[4]。均質型選考に対しては、市場の中央をねらった、突出した特徴はないが顧客の要求に過不足なく応えており、値段もお手ごろ感がある商品が対象となる。市場の中央を対象とするので、既存ブランドの製品はどれも似てくる。

車種でいうと、中価格帯の標準スペックで、セダンタイプ、ミニバンタイプなどが挙げられる。

タイプ2　分散型選好

顧客の好みが、2つの項目の選好度からなる座標面に分散するタイプである。最初に投入するブランドは、座標の中央の中間的な選好度をねらうが、2番目以降は近郊でもよいし、端でもよい。全体的に包囲網を作成するように市場を取り込んでいくことが求められ、趣味へのこだわりの強い顧客に向いている。例として、スポーツカー、高級SUVなど、顧客のこだわりが強いものが挙げられる。これらには、豊富なオプションが必要となる。

タイプ3　クラスター型選好

顧客が「ナチュラル市場セグメント」と呼ばれる明確な選好クラスターを示すことがある。このように、特殊な選好を示すタイプをクラスター型選好と呼ぶ。クラスター型選好に対しては、クラスターの中央にあ

5.1 市場細分化のレベル　83

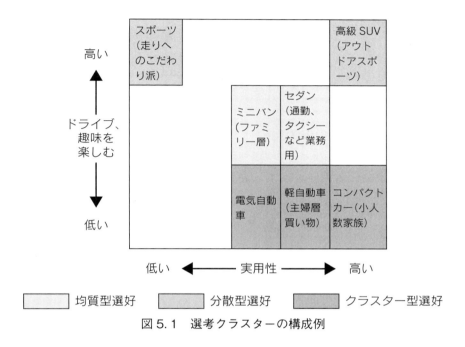

図 5.1　選考クラスターの構成例

る顧客数が最大の市場をねらい、複数ブランドを集中的に投入するのが有効である。このタイプの顧客は、商品属性への選好度が高いため、販売量が多く見込める。これらの顧客層をねらって複数のブランドを次々と投入していくと、このクラスターを支配することができる。例として、実用性が高く、ドライブなどの趣味の要素が低い顧客層は固まっている。主婦層、サラリーマン、高齢者などは軽自動車、コンパクトカー、電気自動車などが対応し、さらに実用性には衝突安全装置などに強い関心をもっている高齢者もいる。

　また田村(2010)は、第2章で紹介したアンゾフのマトリックスを応用した製品と市場の区分によって、市場を選択する考え方を示している。大変わかりやすいので、外食産業を例に解説する[5][6][7]。

（1） 集中型の市場選択

ハンバーガーなどのファーストフードで、一部の若者層にターゲットを絞って、市場を攻略する方法である。**表5.1**に例を示す。第6章で解説するマーケット・ニッチャーの戦略である。

（2） 市場専門化型の市場選択

ファミリー層専門など、市場を絞って、関係する製品をすべて提供する市場を攻略する方法である。**表5.2**に例を示す。マーケット・チャ

表5.1　集中型の市場選択

	市場		
製品・サービス	若者	ファミリー	高齢者
ファーストフード	■		
ファミレス			
パブ・居酒屋			

市場選択	内容	例
集中	製品も市場も1つに絞る。マーケット・ニッチャーの戦略	バーガーチェーン、フライドチキンなど

表5.2　市場専門化型の市場選択

	市場		
製品・サービス	若者	ファミリー	高齢者
ファーストフード		■	
ファミレス		■	
パブ・居酒屋		■	

市場選択	内容	例
市場専門化	特定の市場に、すべて製品を投入する。マーケット・チャレンジャーの戦略	回転ずしのように、すべての客層に好まれ、製品の業態もすべてに対応している

(3) 製品専門化型の市場選択

　製品は専門化するが、あらゆる客層に対応して市場を攻略する方法である。表 5.3 に例を示す。マーケット・チャレンジャーの戦略である。

(4) 選択的専門化型の市場選択

　市場に合わせて製品を選択し、市場を攻略していく方法である。表 5.4 に例を示す。マーケット・チャレンジャーの戦略である。

表 5.3　製品専門化型の市場選択

製品・サービス ＼ 市場	若者	ファミリー	高齢者
ファーストフード			
ファミレス	■	■	■
パブ・居酒屋			

市場選択	内容	例
製品専門化	特定の市場に、すべて製品を投入する。マーケット・チャレンジャーの戦略	和食・洋食・中華まで、ファミレスの形態でカバーしている

表 5.4　選択的専門化型の市場選択

製品・サービス ＼ 市場	若者	ファミリー	高齢者
ファーストフード			
ファミレス		■	
パブ・居酒屋		■	■

市場選択	内容	例
選択的専門化	各市場に合わせて製品を投入する。マーケット・チャレンジャーの戦略	回転ずし、居酒屋、しゃぶしゃぶなど、市場に合わせて製品を投入している

表 5.5 完全総合化型の市場選択

製品・サービス \ 市場	若者	ファミリー	高齢者
ファーストフード			
ファミレス			
パブ・居酒屋			

市場選択	内容	例
完全総合化	すべての市場に、すべて製品を投入する。マーケット・リーダーの戦略	牛丼、回転ずし、ファミレス、海外外食事業などあらゆる事業に進出

(5) 完全総合化型の市場選択

すべての市場を押さえるため、すべての商品を投入する。**表 5.5** に例を示す。マーケット・リーダーの戦略である。

以上のように、5つのパターンで市場を攻略し、競合他社との戦いに挑むのである。

5.2 B to C 市場の細分化

消費者市場を細分化するには、地理的変数、デモグラフィック変数、サイコグラフィック変数、行動変数を用いる。

① 地理的変数

市場を国、県、郡、市、区など地理的な観点で細分化する。

② デモグラフィック変数（人口動態変数）

人口動態は、1)帰属特性と 2)達成特性に分けられる。前者は生まれながらもっている年齢、性別など、後者は自らの努力によって獲得したもの(学歴、所得など)である[8]。これらの観点を用いる。

③ サイコグラフィック変数（社会心理変数）

社会心理学を用いた観点で分析する。具体的には、心理面や性格の特

徴、ライフスタイル、生活価値観に基づいて購買者をグループ分けする[8]。

④　行動変数

顧客の行動(行動変数と呼ぶ)によって市場を細分化する。行動変数には、1)オケージョン、2)ベネフィット、3)ユーザの状態、4)使用量の状態、5)購買準備段階、6)ロイヤルティの状態、7)態度がある[9]。

1)　オケージョン

購買者がニーズを感じるとき、購入するとき、製品を使うときとなど、その時間帯、曜日、週などの時間的局面でグループ分けする。

　例)　ビジネス街の昼休みの時間帯の飲食店、休日前のリゾートホテルなど

2)　ベネフィット

求めるベネフィットでグループ分けする。例えば、自動車を購入するとき、燃費を重視、安全重視、使い勝手重視、スティタス重視など

3)　ユーザの状態

非ユーザ、元ユーザ、潜在ユーザ、初回ユーザ、レギュラー・ユーザなど、ユーザの状態で分類する。CRM(Customer Relationship Management)では、特にこれを重視する[10]。

4)　使用量の状態

ライト・ユーザ、ミドル・ユーザ、ヘビー・ユーザという具合に、製品・サービスの使用頻度に応じて、顧客を分類する。例えば、飲食店では、店に毎日通っているなどである。

5)　購買準備段階(潜在する顧客)

認知していない者、認知している者、情報をもっている者、関心をもっている者、購入希望をもつ者、購入意図をもつ者というように、顧客の段階で分類する。

例えば顧客へのインタビューで、商品名、企業名を知っているかどうかを確認する。100人に聞いてみて、数人しか商品名、企業名を知らなければ、顧客の認知度の低い商品であり、顧客の購入意欲はさらに低い、と考えられる。

6) ロイヤルティの状態

ロイヤルティとは、ブランドへの忠誠を示すことであり、その状態によって顧客を分類する。顧客のロイヤリティの状態を示すと以下のようになる。

・確固たるロイヤルティを示す消費者。
・ロイヤルティの対象が複数ある消費者。
・ロイヤルティの対象が移り変わる消費者。
・ロイヤルティがなく移り気な消費者。

しかし、現在は顧客が一方的にブランドに忠誠を示すことはなく、ロイヤルティは企業と顧客の双方向で構築されるものである[8]。

7) 態度

顧客が製品・サービスに示す感情、表情、行動など、態度で分類する。熱狂的、肯定的、無関心、否定的、敵対的態度がある。

例) K社のブランディング[11]

K社では、ブランドマネジメントを社内外に展開している。その中で、顧客の態度を7段階に分類し、営業活動をしている。

ランク7：K社なしではビジネスが成り立たない、K社と一緒に成長したい。
ランク6：K社に何かしてあげたい、K社と一緒に何か作りたい。
ランク5：これからもK社を買い続けたい、一番頼りになる。
ランク4：K社は期待どおりだった、買ってよかった。
ランク3：K社を買って損はしなかった、他と同じくらいだ、でも大丈夫かな？

ランク 2：K 社の話くらいは聞いてやろう。
ランク 1：K 社は付き合うに値しない。

以上のように、B to C 市場ではこれらの変数で市場を細分化する。これが B to B 市場については少し変わってくる。次節で解説する。

5.3　B to B 市場の細分化

B to B 市場を細分化する方法としては、①デモグラフィック変数、②オペレーティング変数、③購買アプローチの変数、④状況要因の変数、⑤組織パーソナリティの変数がある[12]。

① 　デモグラフィック変数

消費者市場の場合とは違って、企業の既存の属性、業種、企業規模、所在地などがある。

② 　オペレーティング変数

企業のもっている機能、能力を意味する。顧客企業のテクノロジー、企業との関係の状態（取引量・金額がライト、ミドル、ヘビー）、企業の能力（例：コンピューターなどのシステムを導入した際、多くのサポートが必要とするか、しないか）

③ 　購買アプローチの変数

顧客企業との購買取引関係を構築するうえでの顧客企業のもつ特徴。例えば、

1) 顧客企業の購買部門が集権化しているか、分権化しているか。
2) 顧客の社内の権力構造で、経営陣が強いか、技術が強いか、購買が強いか、財務が強いか。
3) 現在のリレーションシップの性質と対応
   ・リレーションシップの強い企業に尽くす。
   ・望ましいリレーションシップを追求し、他の企業との新しいリレ

ーションシップを求める。
4) 購買基準
・顧客企業は何を重視して、購買するか。
・品質、サービス、価格、信頼関係のいずれか、すべてか。

④ 状況要因の変数
企業の発注には、以下のような場合がある。自社はどう応じるか考えておく必要がある。
1) 緊急性
突然の注文、数量、製品の種類変更にどの程度応じるか。完成品、部品在庫の持ち方に影響が出る。
2) 特殊性
標準品ではなく、顧客企業特有のアプリケーションに応じるか。
3) 注文規模
顧客企業の発注ロットサイズをどう規定するか。大口注文：好況時に多い、小口注文：不況時に強い。

⑤ 組織パーソナリティの変数
企業の取引上わかる個性はどうか。
1) 買い手と売り手の類似性
従業員と価値観が類似しているか(例：顧客第一)。
2) リスクに対する態度[13]
リスクを受け入れる顧客か、避けようとする顧客か(例：品質問題が発生したときに発注元として責任をとり、自社の責任を認めるメーカーか)。
3) ロイヤルティ
供給者に対して高いロイヤルティを示す企業か(例：絶えず、教育・指導、支援をする発注元メーカーか)。

5.4 標的市場の設定

以上のような観点で、顧客企業を評価することが大切である。

5.2、5.3節において、B to C、B to B市場を細分化するためのさまざまな変数があることを解説した。いずれの市場でも重要なのは顧客のニーズである。本節では、ニーズに基づいた市場細分化アプローチを、7つの視点で解説する。

(1) ニーズに基づいた細分化

特定の消費者問題を解決する際に、顧客が求める類似したニーズ、ベネフィットで顧客セグメントを分ける。例えば、自動車について、2008年ごろは原油高による燃料代の高騰が話題となっていた。このときは、燃費のよいハイブリッド車や電気自動車が、顧客の燃費性能のよさを求めるニーズに応えていた。最近は、高齢者ドライバーによる事故、あおり運転による事故などがあり、自動ブレーキ、ドライブレコーダーなどに関するニーズが高まっている。これらの情報はインタビュー、アンケートなどで、顧客からニーズを吸い上げ、ニーズごとに細分化する。

(2) セグメントの特定

ニーズごとのセグメントを、さらにデモグラフィックス、ライフスタイル、使用行動について明確に特徴づける。この時点で、アンケートなどの定量的なデータがそろっていると、クロス集計、クラスター分析、因子分析などの統計手法を駆使して各セグメントの特徴が鮮明になる。

(3) セグメントの魅力

セグメントの魅力(市場成長性、競争の激しさ、市場アクセス)を判断する。この段階ではファイブフォース分析、SWOT分析などでどのセ

グメントに参入すれば、競合との戦いに勝ち、自社の成長につながるか、セグメントの魅力を判断する。

(4) セグメントの収益性

　セグメントの魅力を具体的に判断するには、収益性が重要である。競合との戦いに、開発費、広告宣伝費などの経営資源の投入が少なければ収益を上げやすい。かつ、マーケット・リーダーになれれば、自社に有利な販売価格を設定することができる。これらの検討を具体化するには、第7章で解説する販売価格を含めたコンジョイント分析が有効である。

(5) セグメント・ポジショニング

　セグメント特有の顧客ニーズと製品・サービスなどの価値提案との関係をマップで表現し、競合他社と自社の製品・サービスのポジショニングを確認する。次に、第6章で解説するさまざまな戦略、戦術、作戦から、どれを採用するかを考える。マップを作成するには第7章で解説するポジショニング分析がある。

(6) セグメントの厳密な吟味

　(5)までの検討で、セグメントの攻略方法が明らかになったら、時系列に作戦をどう展開するか、セグメント・ストーリーボードを作り、各セグメントのポジショニング戦略の魅力度をテストする。具体的には、製品のラインナップの検討、市場に新製品を投入するタイミングなどである。

(7) マーケティング・ミックス戦略

　マーケティング・ミックス(4P)、すなわち製品・サービス、広告・宣伝、流通、価格をうまく組み合わせて、セグメント・ポジショニング

戦略を展開していく。具体的には競合企業の戦略に応じて第6章の戦略、戦術、作戦を実行していくことになる[14]。

5.5　標的市場設定に役立つ統計解析手法：クラスター分析

　標的市場を設定するためには、統計的手法が有効である。本書では、簡単な例題で標的市場のセグメント化の具体的な方法を演習する。

　標的市場をセグメントに分類する手法のひとつにクラスター分析がある。クラスター分析とは、多変量解析手法のひとつで、さまざまな数値データを、非類似度という距離に置き換え、近いものを同一群（クラスター）と見なし、そうでないものを他の群として見なす。これらの群を階層構造または非階層構造で示す、すなわち、市場のセグメントをクラスターと考え、クラスターを階層構造で示す手法である。

　なお、標的市場をセグメント化する手法には、他にも決定木分析、因子分析、主成分分析などがある。

　ここで、B to B ビジネスを展開するメーカーを例題に、ターゲット市場の分析と、新しいビジネスチャンスを発見するために、社内の購買データについてクラスター分析を適用する手順を説明する。

【例題5.1】
　ある自動車部品メーカーが、新規の顧客について開拓することを考えている。そこで、既存顧客の自動車メーカーの購入データをクラスター分析にかけ、顧客をセグメントに分類した。

（1）　クラスター分析用にデータをまとめる
　企業の取引データを、表5.6のようなクラスター分析用データにまとめる。データの解析項目は、CRM の RFM 分析を参考にして設定した[15]。

表5.6 クラスター分析用データ

営業取引先企業	購入金額(百万円)	購買部品点数(百万)	オーダー回数
A	331	63	23
B	225	54	10
C	176	47	19
D	200	50	17
E	110	32	11
F	132	38	14
G	340	57	19
H	75	27	6
I	61	21	8
J	93	29	7
K	101	26	9
L	161	37	17
M	100	27	6
N	16	8	1
O	15	9	2

(2) ユークリッド距離の近いものを同一クラスターと見なす

表5.6のデータに関して、企業間のユークリッド距離を計算し、距離の近い企業の順に階層構造を示すと、**図5.2**になる。

これらのクラスターをどのように切るかは、トライ＆エラーでよいので、データの各項目の差が明確に定義できるようにする。項目ごとに統計的な検定をするとさらによい。

(3) セグメントをランクづけする

図5.2のデータを4つのクラスターに分類した。これを購入金額の平

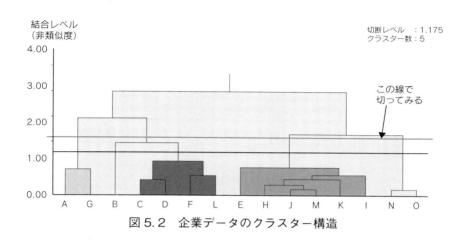

図5.2 企業データのクラスター構造

表5.7 ランクづけした企業クラスターのデータ

企業ランク	データの個数/企業	平均/購入金額（百万円）	平均/購買部品点数(百万)	平均/オーダ一回数	平均部品単価
1	2	336	60	21	5.6
2	5	179	45	15	4.0
3	6	90	27	8	3.3
4	2	15	9	2	1.8
総計	15				

均値によって、ランクづけをしてまとめたものが**表5.7**である。

この解析結果から、重点顧客とそうでない顧客の違いがわかる。

(4) 対応する戦略を考える

表5.7のデータについて、購入金額、購入頻度の2つの切り口でプロダクト・ポートフォリオ・マネジメントを行うと、**図5.3**になる。購入金額、購入頻度の2つの切り口はRFM分析の項目による[4]。

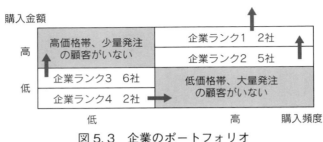

図 5.3　企業のポートフォリオ

　図5.3の矢印は、改善の方向性を示す。すなわち図5.2の高価格帯・少量発注の顧客と、低価格帯・大量発注の顧客の企業がいないことがわかる。このように分析し、矢印の方向が示す購入金額、購入頻度がさらに高い顧客をさらに増やすことが重要である。

　また、どの矢印の示す方向が、費用対効果が高い戦略であるかも検討する必要がある。その際に、顧客内の自社シェアを把握しておく、すなわち各企業に取引を拡大する余地があるかどうか確認する必要がある。

5.6　標的市場の特徴の詳細分析

　5.5節でクラスターの特徴と改善の方向性を見る方法を解説した。本節では、クラスターについてさらに詳細な分析をして、具体的な改善策を導き出す手順と分析例を示す。

手順1　解析データを準備する

　表5.7の企業を、さらにデモグラフィック変数、オペレーティング変数、購買アプローチの変数などで、詳細に分析する。表5.7のデータに、これらの変数からいくつかの変数を加えて、再度分析した（**表5.8**）。

手順2　数値の項目を相関分析する

　数値で表されている項目を相関分析にかけると、項目間の関係性がわかる（**表5.9**）。

5.6 標的市場の特徴の詳細分析　97

表 5.8　詳細な分析データ

企業	ランク	国	顧客の売上(億円)	投下資本利益率	購入基準価格重視	購入基準性能重視	購入金額(百万円)	購買部品点数(百万)	オーダー回数
A	1	1. 国内	2. 1000億円以上	2. 10%以上	2. 価格重視	2. 性能重視	331	63	23
B	2	2. 新興国	1. 1000億円未満	1. 10%未満	1. 普通	2. 性能重視	225	54	10
C	2	2. 新興国	1. 1000億円未満	1. 10%未満	2. 価格重視	2. 性能重視	176	47	19
D	2	2. 新興国	1. 1000億円未満	1. 10%未満	2. 価格重視	1. 普通	200	50	17
E	3	1. 国内	1. 1000億円未満	1. 10%未満	1. 普通	1. 普通	110	32	11
F	2	1. 国内	1. 1000億円未満	1. 10%未満	1. 普通	2. 性能重視	132	38	14

表 5.9　相関分析の結果

	購入金額(百万円)	購買部品点数(百万)	オーダー回数
購入金額(百万円)	1.000		
購買部品点数(百万)	0.956	1.000	
オーダー回数	0.868	0.889	1.000

　結果系の項目は、すべて相関が強いので、結果系の指標は購入金額で代用することとした。

手順3　解析データをクロス集計する

　表5.8のデータをクロス集計すると、**表5.10**になる。

　表5.10から、投下資本利益率が高い企業が、自社の業績に影響している可能性がある。

　ここで、ROE(自己資本比率：Return of Equity)、ROA(総資産利益率：Return of Assets)[16] と並び、投資効果を分析する指標であるROIC(投下資本利益率：Return on Invested Capital)を解説する。

　計算例を示す。

　営業利益：1億円、税率：40％、株主資本：5億円、有利子負債：1

表 5.10 クロス集計の結果

ランク	企業数	平均購入金額(億円)	国		顧客の売上(億円)		投下資本利益率		購入基準価格重視		購入基準性能重視	
			1.国内	2.新興国	1.1000億円未満	2.1000億円以上	1.10%未満	2.10%以上	1.普通	2.価格重視	1.普通	2.性能重視
1	2	336	2			2		2		2	1	1
2	5	179	2	3	5		4	1	2	3	1	4
3	6	90	5	1	5	1	6		6		4	2
4	2	15	2		2		2			2	2	

億円とし、NOPLAT(税引後営業利益:Net Operating Profit Adjusted Tax)とする[17]。

NOPLAT ＝営業利益×(1− 税率) ＝ 1 億円× 60% ＝ 6,000 万円

投下資本＝株主資本＋有利子負債＝ 5 億円＋ 1 億円＝ 6 億円

ROIC ＝ NOPLAT ÷投下資本(IC)＝ 6,000 万円÷ 6 億円
　　　＝ 0.1 ＝ 10%

税金を引いた後の営業利益は、株主資本と有利子負債(返済義務のないお金と、返済しなければいけない借金)の合計で生み出している。

ROIC は、企業が事業活動のための IC(投下資本:Invested Capital)に対して、本業でどれだけの利益を出せたかを測る指標である。ROIC は 15% 以上ある企業が魅力的である。すなわち、投下資本が効率よく営業利益を生み出していることになる。

手順 4　定性的な項目をカテゴリー変数に置き換える

表 5.10 のデータを表 5.11 のように置き換える。

手順 5　数量化理論 I 類で、購入金額と相関が高い項目を特定する

数量化理論 I 類は、カテゴリーデータ(例:1. 国内　2. 新興国　など)に用いられる重回帰分析で、多変量解析法の中でも使用頻度の高い手法である。この例では、購入金額に最も影響を与えるカテゴリーを見つけ出し、購入金額を予測することに用いた。具体的には、**表 5.12** の P 値(危険率データ 0.1 以下を残す)を見ながら、カテゴリー変数を減らす。

5.6 標的市場の特徴の詳細分析　99

表5.11　置換されたデータ

企業	国	顧客の売上(億円)	投下資本利益率	購入基準価格重視	購入基準性能重視	購入金額(百万円)
A	0	1	1	1	1	331
B	1	0	0	0	1	225
C	1	0	0	1	1	176
D	1	0	0	1	0	200
E	0	0	0	0	0	110
F	0	0	0	0	1	132
G	0	1	1	1	0	340

表5.12　解析結果（Excelの分析ツールで解析）

回帰統計	
重相関 R	0.83293944
重決定 R^2	0.693788111
補正 R^2	0.6427528
標準誤差	59.0935182
観測数	15

分散分析表

	自由度	変動	分散	観測された分散比	有意 F
回帰	2	94943.61	47471.81	13.59428	0.000824
残差	12	41904.53	3492.044		
合計	14	136848.1			

	係数	標準誤差	t	P値	下限95%	上限95%
切片	75.3	20.89271	3.604127	0.003618	29.77869	120.8213127
国	99.9	36.18724	2.760641	0.017259	21.05477	178.7452264
投下資本利益率	202.0333333	40.0065	5.050013	0.000285	114.8667	289.2000108

手順6　シミュレーションをする

　国（国内、海外）、投下資本利益率（10%未満、10%以上）によって、手順5で求めた回帰方程式でシミュレーションし、購入金額を算出した結果を**表 5.13**に示す。

手順7　シミュレーション結果と現状とを比較する

　現状の企業数と購入金額を示すと、**表 5.14**、**表 5.15**になる。丸印のところが空欄、すなわち最も業績に影響するところが埋まっていないの

表 5.13 シミュレーション結果

		投下資本利益率	
		1. 10% 未満	2. 10% 以上
国	1. 国内	75	277
	2. 新興国	175	⟨377⟩

表 5.14 現状の企業数

企業数		投下資本利益率		総計
		1. 10% 未満	2. 10% 以上	
国	1. 国内	8	3	11
	2. 新興国	4	⟨ ⟩	4
総計		12	3	15

表 5.15 購入金額の現状値

購入金額		投下資本利益率		総計
		1. 10% 未満	2. 10% 以上	
国	1. 国内	602.4	832	1434.4
	2. 新興国	700.8	⟨ ⟩	700.8
総計		1303.2	832	2135.2

で、大きな改善対象になることがわかる。

　解析結果から、新興国で、投下資本利益率が 10% 以上の企業が、購入金額が最も高くなることがわかった。しかし、表 5.14 と表 5.15 を比較すると、現在の取引先にそのような企業はない。したがって、ROIC が 10% 以上の企業を、新興国市場で探し、営業活動を展開することが効率的である。

【問題 5.2】

自社は、自動車部品のボルト、ナットなどの締結部品を扱う国内企業である。これまでの分析結果から、具体的にどのような営業戦略をとるか、考察せよ。

【解答 5.2】

有望な自動車市場にインドがある。インドの国産自動車メーカーにタタ自動車があり、2011 年度の自己資本 1,941.8 億ドル、負債合計 8,250.4 億ドル、純利益が 927.4 億ドルであった[18]。

ざっと計算すると、

$$\text{ROIC} = 927.4/(1941.8 + 8250.4) \times 100 = 9.1\%$$

であり、タタ自動車はかなり有望な取引先になる可能性がある。

具体的なマーケティング戦略は、5.4 節、および第 6 章を参考に立案することになる。

第 5 章の引用・参考文献

[1] G. L. アーバン、J. R. ハウザー、N. ドラキア：『プロダクト　マネジメント』、プレジデント社、1989、pp.85～117
[2] フィリップ・コトラー：『マーケティング・マネジメント』、プレジデント社、1994、p.119
[3] フィリップ・コトラー、ケビン・レーン・ケラー：『コトラー＆ケラーのマーケティング・マネジメント』、丸善出版、2014、pp.304～321
[4] マクロミル HP：「医療分野に特化したメディカルリサーチ」(2018 年 10 月 12 日閲覧)
　　https://www.macromill.com/service/medical_research/
[5] 田村正紀：『マーケティング・メトリクス』、日本経済新聞出版社、2010、pp.27～29
[6] stockclip：「国内外食産業の業績ランキング」(2018 年 9 月 14 日閲覧)
　　https://www.stockclip.net/clips/27
[7] (一社)日本フードサービス協会：「日本フードサービス協会員社による外食産

業市場動向調査　平成 29 年（2017 年）年間結果報告」(2018 年 9 月 14 日閲覧)
http://www.jfnet.or.jp/files/nenkandata-2017.pdf
[8]　和田充夫、恩蔵直人、三浦俊彦：『マーケティング戦略』、有斐閣、2006、pp.63〜70
[9]　フィリップ・コトラー、ケビン・レーン・ケラー：『コトラー&ケラーのマーケティング・マネジメント』、丸善出版、2014、pp.317〜320
[10]　今野勤、伊藤文隆、加藤二朗：『成功事例に学ぶ　CRM 実践手法』、日科技連出版社、2003、pp.2〜9
[11]　KAINOSHO：「コマツの企業価値とブランドマネジメント」(2018 年 9 月 12 日閲覧)
http://www.kainosho.com/ibblog/casestudy/post-99.html
[12]　フィリップ・コトラー、ケビン・レーン・ケラー：『コトラー&ケラーのマーケティング・マネジメント』、丸善出版、2014、p.323
[13]　日経ビジネス：「マツダの命運はいかに　フォード、ナッサー CEO 辞任で"欧州びいき"に？」(2018 年 9 月 12 日検索)
https://bizboard.nikkeibp.co.jp/kijiken/summary/20011112/NB1116H_170441a.html
[14]　フィリップ・コトラー、ケビン・レーン・ケラー：『コトラー&ケラーのマーケティング・マネジメント』、丸善出版、2014、p.326
[15]　今野勤、伊藤文隆、加藤二朗：『成功事例に学ぶ　CRM 実践手法』、日科技連出版社、2003、pp.2〜9
[16]　フリーウェイ経理：「ROE とは何か？　計算式、目安、改善方法、ROA との違いについて解説」
https://freeway-keiri.com/blog/view/202
[17]　オントラック：「ファイナンス用語辞典」
https://ontrack.co.jp/f-terms/roic/
[18]　アメリカ株ドットコム：「タタ・モーターズの財務諸表【損益計算書 – 年次決算】」
http://ussto.com/sp/financials/income/annual/TTM

第6章 競争へ対処するためのマーケティング戦略

第2章で経営戦略とその立案のための分析手法について解説した。本章では、マーケティングに関連する戦略について解説する。

ビジネスの現場では、自社と競合他社との競争が、絶えず繰り広げられている。一貫して顧客重視の姿勢を貫くことが大切であるが、競合他社からの攻撃にさらされているという事実も認識しなければならない。

本章では、市場での立場によって、競合他社に対して自社がどのように市場で対処するかについて解説する[1]。自社がどの立場にあろうと、競合他社からのさまざまな攻撃にさらされることがある。その際は、攻撃に用いられている戦術を正しく認識し、それに即した方法で準備し、対処することが重要である。なお、経営戦略、マーケティング戦略、戦略という用語が重複するので、対処の方法を、例えばマーケット・リーダーの戦略以下で行う具体的な活動を、段階的に戦術、作戦ということにする。なおマーケティング戦略とは、一貫性のある、適切な、かつ実行可能な諸原則の集合である[1]。

6.1 企業の市場における立場の分類

ここでは、市場で自社および競合他社をどのように分類するかを考える。分類の基準に市場シェアがある。

ここでは、最も一般的な数量ベースを市場シェアをとして扱う。第2章のプロダクト・ポートフォリオ・マネジメントでは、相対マーケットシェアを用いた。市場シェアは、企業の置かれた市場において、さまざまな見方をするため、金額ベース、数量ベース、相対市場シェアなど25種類もあることを補足しておく[2]。

さて、市場シェアを基準とした企業の分類には、以下の4つがある。
① マーケット・リーダー
　日本国内では独占禁止法に抵触しないかを気にするほどの圧倒的なシェア（一般的には40％以上）を誇り、他社は簡単には牙城を崩せない。シェア下位の競合他社から絶えず追われる立場にある。
② マーケット・チャレンジャー
　マーケットシェアの約30％を占め、攻撃的戦術で積極的にシェア拡大を図っている。攻撃の対象は、マーケット・リーダーだけでなく、マーケット・フォロワーにも向けられる。
③ マーケット・フォロワー
　市場シェアは20％程度で、現在の市場シェアを維持することを主眼とし、絶えずマーケット・リーダー、マーケット・チャレンジャーの動きに追随する、すなわち彼らが切り開いた市場に追随することで、製品開発コスト、市場開拓コストを節減しようとしている。
④ マーケット・ニッチャー
　市場シェアは10％以下で、小規模企業群である。大企業がやりたくない、すなわち規模の利益を追求できない市場の隙間をねらうことになる。

　以降の節で、4つのタイプ別にマーケティング戦略を解説する[3]。

6.2　マーケット・リーダーの戦略

　マーケット・リーダーは、市場で最大のシェアをもっている。そこからさらにシェアを伸ばそうとする場合、以下のようにして市場を拡大する。ここでは、マーケティングの戦略として記述する。

(1) マーケットシェアの拡大戦術

第2章で述べたように、市場への浸透度合いを高め、さらにシェアを伸ばす戦術である。具体的には、広告・宣伝を強化しメディアへの露出度を高めることで、さらに新規顧客の獲得を図る。

第2章で解説したアンゾフのマトリックスにおいて、市場浸透戦略、市場開拓戦略、製品開発戦略のいずれか、もしくはすべてを組み合わせて市場シェアをさらに伸ばそうとする。

① 広告・宣伝費の投入

これは市場浸透戦略のひとつで、商品の認知度をさらに上げるために行う。例えば日本国内のビールメーカーは、K社とA社がシェア1位、2位を絶えず競っている。この2社は梅雨時から夏場に向かってTVのCM枠を増やすが、これはこの認知度の向上のためである。3位以下の競合メーカーもある程度CMを放映するなど広告・宣伝費をかけざるをえないが、CMの枠の数、放映時間は広告・宣伝費に比例するので、体力のあるマーケット・リーダーは投入費用でも優位に立つことができる。

トップ企業で、シェアが50%以下の場合、シェアが10%違うと、税引き前ROI[4]は5%違う[5]。したがって、シェアを伸ばす手を打つ。シェアが50%を超えると、独禁法の提訴、市場での「判官びいき」などにより、リスクの増大、コストの上昇を招く可能性がある。

ここで投資利益率とは、投資額に対してどれだけ経常利益を生み出しているかを見る尺度である。略称はROI(Return On Investment)である。

投資利益率 ＝ 100 ×（当期純利益）÷ ｛（期首総資本＋期末総資本）÷ 2｝

で計算される。

② 革新的な新製品の投入

これは製品開発戦略のひとつで、革新的な製品を市場に投入し、市場

を作り変えるようなインパクトを与える作戦である。日本の大手自動車メーカーT社は、これまでどの自動車メーカーもやらなかったハイブリッド車Pを1997年市場に投入した。エンジンとモーターを組み合わせたパワートレインは画期的であり、折からの環境志向と相まって爆発的に売れた[2]。Pは現在までモデルチェンジを重ねている。T社は自社のセダン、ミニバンなどさまざまな車種をハイブリッド化し、国内だけでなく、全世界で普及している。環境対応の先駆者として、全世界にエコカーの普及に努めているT社にとって、Pはその先がけになった製品である[6]。

(2) マーケットシェアの維持戦術

マーケットシェアの維持のためには、2位以下の競合他社の市場での活動を注意深く観察し、競合他社が設定した許容範囲を超えたシェアを取ったときに、次のように反撃する。

① 製品・サービス改良作戦

製品開発戦略と同じ作戦だが、それほど画期的な新製品、サービスでなくてもよい。競合が追いつけない程度に先行し、かつ顧客の要求に応える新製品・サービスを次々と市場投入することが肝心である。具体的には、製品の改良、サービス向上、流通改善などがある。すなわち攻撃は最大の防御である。

例えば、大手物流会社のY運輸は、個人配送において、クール、ゴルフ便などサービス品目をどんどん増やしている。すると競合するS急便なども追随せざるをえなくなる。このように、マーケット・リーダーが次々と新しいサービスを導入し、体力勝負にもっていくとともに、サービスを拡大することにより、顧客満足度を高める。

② 防備力増強作戦

マーケティング・リサーチなどにより、「売れる価格帯」である知覚

価格[7]との関連で妥当なところに販売価格を維持し，幅広いブランドをつくり，小売店の自社商品陳列スペースを確保することで自社のシェアの防備力を高める作戦である。

例えば大手自動車メーカーT社は，小型車から大型車までフルラインアップが充実している。また，軽自動車はD社，トラック，バスはH社というように，関連会社も含めれば製品ラインナップはフルラインナップで押さえている。すなわちT社の代理店に行けば，すべての車種が揃っており，顧客の要求を取りこぼすことはない。

③ 同質化作戦

チャレンジャーが，自社よりも早く新製品を出したら，そのすぐ後に，同等か，それより少しよい製品を，安く提供する。それによって，チャレンジャーが構築したマーケットを奪う作戦である。本質的には①製品・サービス改良作戦ではあるが，競合他社が新製品・サービスを市場投入した直後にこの作戦を実施するので，競合企業は開発費，広告宣伝費を回収する前に大きなダメージを受けることになる。

例えば，1982年にオートバイ業界1位，2位の企業が，後にHY戦争と呼ばれる小型バイクを中心とした国内のシェア争いをしたことがある。このときはH社に軍配が上がったが，その際取った作戦が同質化作戦である。

これに似た概念に，ランチェスター戦略がある。すなわち，1つの標的に対し，2倍以上の戦力を集中投下し，戦いを有利に展開する戦略である。いずれにせよ，マーケット・リーダーは業界トップシェアをもっており，経営資源を一部の競合他社に集中して向ければ，このような作戦をとることができる。

④ 地域ドミナント作戦

特定の地域に集中出店し，顧客を根こそぎ奪うという作戦で，マーケット・リーダーだけでなく，チャレンジャーも実施している。コンビニ

業界では、半径数百メートルに複数店舗を集中出店し、他のコンビニチェーンが入りこまないようにしている。競合他社に特定地域の顧客を取られるよりは、自社の経営資源を特定地域に投入してでも顧客を確保する集中戦略である。しかしこれにはフランチャイズ店のオーナーからの反発もあり、身内同士の競争になることもあり、あまりお勧めできる作戦ではない。競合他社が地域ドミナント作戦に対抗する作戦としては、郊外に大型ショッピングモールを出店や、逆にSKなどのように、品物を宅配し、特定地域の中に入り込むという市場浸透戦略がある。

⑤　対決作戦

　マーケット・チャレンジャーができないほどの多額の販売促進費を投入し、顧客への商品のなどの認知度を上げる、また価格戦争を仕掛けるなど、直接的にマーケット・チャレンジャーと対決する作戦である。マーケット・チャレンジャーがこれに応戦すると、値下げ合戦など泥沼の戦いになることがある。

　例として、牛丼チェーン、ハンバーガーチェーンなどの価格競争がある。しかし、価格を下げることで一時的に売上が上げるかもしれないが、これは顧客数がどれだけ増えるかにかかっている。例えば、10％価格を下げると、顧客数が11％増えないと売上は保てない。また、30％の利益を挙げていたものを20％にすると、顧客数が1.5倍にならないと同じ利益とはならない。これが価格を下げる作戦の落とし穴であり、泥沼の戦いになる理由である。

⑥　圧迫作戦

　マーケット・シェアが2位以下の競合企業の原料供給者、流通業者に対して、材料を納入しないようになどの圧力をかける、悪い噂を流す、有能な人材を引き抜く、競争企業に不利な法律を制定するなど、さまざまな形で圧迫する作戦である。この作戦は、世間に弱い者いじめととられ、企業イメージが悪くなるなどの影響が出る可能性があるため、表立

って行うことはない。競合他社から無謀な戦いを仕掛けられるなど、逆にマーケット・リーダーが追い詰められて、この作戦を実行することがある。また、この作戦をマーケット・リーダーが実行すると、競合他社から独禁法で訴えられる場合もある。

例えば医薬品業界では、薬のインターネット上での販売を規制するために、インターネット販売をする薬店に対して、その薬店の商品を、販売禁止しようとすることがある。

(3) 業界破壊者・侵入者への対抗

マーケット・リーダーの敵は、マーケット・チャレンジャーだけではない。山田(2014)は彼らを業界破壊者(Busters)、侵入者(Invaders)と呼んでいる[8]。彼らは、業界の外から挑戦を仕掛けてきて、いつの間にか業界を支配するのである。例えば、音楽業界を脅かしている業界破壊者は、アメリカのスマホメーカーA社の携帯音楽プレィヤーと音楽配信システムである。同じく日本のエレクトロニクスメーカーS社のゲーム機への参入は、侵入者の例である。大手ゲーム機メーカーN社は、対抗策を講じるのにかなりの時間と資金を投じなければならなかった。

6.3　マーケット・チャレンジャーの戦略

市場のシェアにおいて2位以下のマーケット・チャレンジャーは、マーケット・リーダーに対して、攻撃するか、協調するかという観点で戦略を選択する必要がある。

(1) 直接攻撃戦術

文字どおり、正面からトップに挑む戦略である。戦力が互角ならば、簡単には決着がつかない。

例えば有名なラーメン店のすぐ近くにラーメン店を出店し、売上競争を展開すると、味、価格、サービスなど、すべてが比較対象となる。

直接攻撃戦術を仕掛けるとき、よほど製品の性能、価格などで差別化できていないと、勝つことは難しい。また、マーケット・リーダーは経営資源が豊富なので、経営資源を集中的に投入されると、マーケット・チャレンジャーは厳しい戦いを強いられる。加えて、マーケット・リーダーから圧迫作戦を受けることを意識し、防御を固めながら攻撃しなければならない。

直接攻撃戦術の具体的な作戦を以下に解説する。

① **価格引下げ作戦**

マーケット・リーダーと同じ品質のものを、より安い価格で提供する作戦である。

例えば、牛丼チェーンにおいて業界2位以下の競合企業が価格引下げ作戦を展開すると、その影響がマーケット・リーダーの売上・利益を直撃し、マーケット・リーダーも価格を下げることになる。するとどの牛丼チェーンも儲からなくなり、業界自体が泥沼状態になる。誰かが止めるか、業界から撤退しない限り、この作戦は我慢比べになる。

インターネット販売では、顧客が特定の製品を価格の安い順に並べて、安い店から購入する方法が一般的であるので、消耗品や食品のように次のリピートがある商品で価格引下げ作戦を実施しやすい。しかし、耐久消費財でこれをやると、自ら市場を食いつぶす可能性がある。マーケット・リーダーの⑤対決作戦で解説したように、その効果が疑問視される作戦である。

② **大衆価格商品作戦**

中級ないしそれ以下の品質の大衆普及品を、思い切った安い価格で販売する作戦である。後遺症として、企業のブランドは安売りのイメージが定着することになる。

例えば、100円ショップで買える商品は、スーパーマーケットの商品を直撃する。すると、だれでも扱える商品は、どの産地でどのメーカーが作っているかは問題ではなく、100円で買えることだけが商品のイメージになる。

③ 高品質・高価格作戦

マーケット・リーダーより高品質かつ高価格な高級品を提供する作戦である。考え方としては存在しているが、現実に実行に移すのは難しい。高級品は、技術、技能の面で製造が難しく、かつ高級品のイメージを顧客に定着させブランドを信用してもらうのは簡単ではない。

例えば、女性が好む高級バッグやスーツ、スカーフなどを扱うブランドショップを覗いてみればわかる。商品が一つひとつぽつんと置いてあり、値札が付いていない。すなわち値段を気にする人は、顧客ではないのである。イタリア製の高級スポーツカーもそのジャンルに入るし、九州の鉄道会社JK社が仕掛ける高級列車による旅行などもこれに当たる。いずれにせよ、マーケット・リーダーが規模の利益を追求できない市場をねらう作戦である。

④ 製品拡散作戦

同一製品分野で、マーケット・リーダーより多くの機種、サービスをそろえる作戦である。このとき、あまり売れない商品もラインナップに加えることになるので、コストアップになる。したがって、自動車、電機メーカー、製薬会社などでは、自社より中小のメーカーに製品の製造を依頼し、自社ブランドで売ることがある。似たような作戦で、携帯電話会社の通話料プランがある。2016年当時のプランを比較するD社、A社がそれぞれ5種類に対して、S社は13種類もあった。これは、売っている商品が同じような製品でも、サービスのラインナップはS社が圧倒していることになる。最近はどの企業もきめ細かい料金プランを顧客に提示しているように、製品拡散作戦に対しては、マーケット・リ

ーダーは同質化作戦で対抗する。

⑤　製品ラインナップ縮小作戦

　マーケット・リーダーとのシェア争いで劣勢になると、2位以下の企業が思いきって、製品のラインナップを一気に2分の1、3分の1に絞ることがある。これによって、意外に売上が落ちなかった場合は、製造コストを絞ることができ、利益が上がることがある。しかし、数は少なくても、顧客がいた場合は一気に売上が下がることがある。この作戦は失敗する可能性が高い。

　次の例は、マーケット・リーダーがこの作戦をとって失敗した例である。2000年当時、缶コーヒーのシェア争いにおいて、マーケット・リーダーのブランドGとチャレンジャーのブランドBを比較すると、シェアは100：33であった。ブランドGは縮小を、ブランドBは拡大作戦をとったところ、2013年にはシェアが100：73にまでなり、近年は逆転しているといわれている[9]。このように製品のラインナップを縮小すると、じり貧になることがある。居酒屋が食材の廃棄を減らすためにメニューを絞ると、顧客が同じようなメニューにすぐ飽きてしまい客離れを起こすのと同様である。

⑥　製品・サービス改良作戦

　マーケット・リーダーの項でも解説したが、マーケット・リーダーは経営資源に余裕があるため、広告・宣伝、流通などにも経営資源を豊富に投入することができる。しかし、マーケット・チャレンジャーは経営資源に余裕がないため、製品のイノベーションでマーケット・リーダーに挑むことになる。

　例えば、画期的新製品を市場に投入し、マーケット・チャレンジャーが、マーケット・リーダーの地位を奪い取る作戦である。京都の世界的ゲームメーカーN社は、近年数々のヒット商品を市場に導入し話題をさらっている。AR(Augmented Reality：拡張現実感)を応用した技術

をゲームに取り入れヒット商品とした企画力は評価できる[10]。一方、技術が先行しすぎて、現実的な運用に耐えられないのに市場に導入し、失敗することもある。一部の自動運転技術の実験で、死亡事故が発生したことも一例である。

⑦　サービス改善作戦

　新サービスや、サービスの質を高めることで、マーケット・リーダーを攻撃する作戦である。うまく外部の専門企業と提携すると、効果を発揮する。2011年当時、引越業界でランキングが低かったA社は、不要家電の引き取りと、新しい家電製品の販売サービスを行っていた。業界トップのN社は、これらをまだ実施していなかった。現在はこのサービスは利用できないが、ハウスクリーニング、電気工事などさまざまなサービスが実施されている。

⑧　流通でのイノベーション作戦

　流通の形態を大幅に変える作戦である。ただし、既存の販売店の反発が起きることがある。

　例えば、電機メーカーのT社は、国内大手ECサイトを運営するRで、パソコンを販売するようになった。既存店は表立って反発を強めてはいないようだが、好ましく思ってないことはわかるだろう。同様のことは、医薬品業界でも起きている。薬は従来の問屋経由の専門店による販売から、インターネットで注文し、宅配便で届ける形態に変わりつつある。これも流通のイノベーションといえる[11]。

⑨　製造コスト低減作戦

　何らかの方法で、製造コストを大幅に下げる作戦である。無理やり部品メーカーに値下げ圧力をかけると、取引先が離れていく危険性がある。

　他の方法としては、電子部品の分野ではEMS（Electronics Manufacturing Service）の活用による量産設備に関する費用を低減する動きが出

てきている。典型的な例は、アメリカの有名スマホメーカー A 社と、A 社のスマホの製造を委託されている台湾メーカーの H 社である[12]。A 社は経営危機の際に、思い切って工場を廃止し固定費を削減した。

⑩　広告・販売促進強化作戦

　広告・販売促進の頻度を増やし、質を高める作戦である。例えば2007 年からスタートした大手通信メーカー S 社の CM は、2008 年 CM 大賞を受賞し、契約者数を増やしてきた。現在は、大手 3 社の若手タレントを使ったコミカルな CM を見ない日はない。

⑪　開発納期ハイスピード作戦

　B to B ビジネスにおいて、顧客の開発部門に入り込んで、試作品の製作依頼に対して、競合メーカーの半分以下のスピードで試作品を提供することで、このスピードについていけない競合メーカーを振るい落とす作戦である。例えば、かつてはベンチャーで弱小部品メーカーであった小型精密モーターのメーカー N 社が、大手の競合を振るい落とし、急成長した原動力となったのがこの作戦である。仕掛けは簡単で、大手競合メーカーが 1 カ月かかる試作品の製作を、N 社は 1 週間で実行するので、開発品の仕様変更を 4 回できることになる。したがって、大手競合メーカーが気づいたころには、当初の開発仕様がまったく違ったものになり、顧客は N 社に発注せざるをえなくなるのである。このように、B to B ビジネスを展開する製造メーカーは、試作プロセスを連結することで、開発納期を縮めることが大切である[13]。

(2)　背面攻撃戦術

　マーケット・リーダーがやらない市場、製品などに進出していく戦術である。この戦術は、市場が大きくないと効果は薄いが、マーケット・リーダーに打撃を与えることができる。しかしマーケット・リーダーは、同質化作戦によってすぐ対応できる。

ここ数年の間では、大手ラーメンチェーンや牛丼チェーンが、居酒屋チェーンに対抗して、会社帰りのサラリーマンをねらった、「ちょい飲み」メニューを展開している。また同様に、働き方改革で帰宅時間が早くなったサラリーマンをねらって、大手ファミレスチェーンが午後3～4時ごろから生ビールを安価で提供している。

(3) グッピー戦術

自分より下位の企業をつぶして、シェアを広げていく戦略である。弱い者いじめとして、企業が社会から白い目で見られるリスクがある。側面攻撃、包囲攻撃、迂回攻撃、ゲリラ攻撃などの呼び方がある[14]。

6.4 マーケット・フォロワーの戦略

マーケット・フォロワーの成功のカギは、意識的なセグメンテーションとそこへの集中、効率的な研究開発投資であり、シェアよりも利益重視、そして強力なトップ・マネジメントによる独自の戦略である。

(1) 独自路線戦術

国内第3位の自動車メーカーM社は、大手自動車メーカーとの真っ向勝負を避け、独自の開発戦略をとっている。かつては世界初のロータリーエンジン、現在は、スカイアクティブ(スカイアクティブ・テクノロジー)のコンセプトで、エンジン、トランスミッション、ボディ、シャシー、車両運動制御技術の5つを同時に刷新し、車全体の水準を向上させ最適化している[15]。

(2) ものまね戦術

マーケット・リーダーの製品やパッケージを模倣して、各種流通網を通して販売する戦術である。CDやDVD、映画、一流ブランドの時計

などの模造品が挙げられる。マーケット・リーダーのPC用プリンターメーカーのC社、E社は、マーケット・フォロワーのインクジェット交換用カートリッジの模造品に悩まされてきた。マーケット・リーダーは、知的財産権の侵害などで訴訟を起こすが、時間も費用もかかるため、なかなか有効な対抗策がない。これを実践する企業をイミテーター(模倣者)[17]という。

【問題6.1】

あなたは、洋菓子店を経営している。モンブランの新しいバージョンで、金箔を使った「ゴールデン・モンブラン」を開発し、売り出すこととした。何か問題は発生しないか？

【解答6.1】

実は「モンブラン」というケーキ自体は、商標登録されていない。だから、現在日本中どこのケーキ屋さんでもお目にかかれる。「ゴールデン・モンブラン」については、その名称について商標権が確立されてないか調べる必要がある。

なお、商標を登録するためには、特許庁に出願する必要がある。特許庁で審査され合格すると登録査定というものが送られてくる。ちなみに、特許権は出願日から20年間有効であり、更新はない[16]。

なお、マーケット・リーダー、マーケット・チャレンジャーがマーケット・フォロワーのような戦術をとることがある。すなわち、イノベーション費用(開発費など)を負担せず、類似製品を作ることで、利益を上げることがある。トップシェアをもつ企業が、台頭する競合メーカーをつぶすために、意図的にフォロワーの戦術を仕掛けるのである。

6.5 マーケット・ニッチャーの戦略

マーケット・ニッチャーは、専門化による効率性を発揮でき、かつ大手企業が見過ごすか、無視しているニッチを見つけ、そこを市場としている。理想的なニッチには、次の特性が求められる。
1) 利益が出るだけの大きさと購買力がある。
2) 成長潜在性がある。
3) 大手企業があまり関心を持っていない。
4) 自社の卓越した能力が効率よく発揮できる。
5) 大手の参入を防止できるだけののれん力がある。

ベンチャー企業としてシリコンバレーで創業し、巨大企業となったアメリカのM社、A社、G社などの企業には、このようなニッチな市場をターゲットしながら、成長した企業もある。

以下にマーケット・ニッチャーのタイプを解説する。

(1) 特定需要専門家

特定の需要に応え、限定した市場にのみ特化する作戦である。
- 世界初の痛くない注射針(ナノパス33)：町工場のO社と大手医療機器メーカーT社との共同開発[18]。
- 子供服専門店のN社。

(2) 垂直的レベル専門家

生産流通の垂直的サイクルの中の、ある特定レベルに特化する。先のH社のように、A社のスマートフォンの製造に特化しているうちに、それが世界的に普及し、H社も派生需要によって大企業になったという例がある。

(3) 顧客サイズ別専門家

小・中・大規模な顧客サイズのうち、どれかのみに販売を集中する。例えば、個人経営の居酒屋や飲食店などは1日に数十人の顧客が確保できれば、店の存続ができるので、予約客10組限定で営業するなど、顧客サイズを限定して運営する例がある。

(4) 特定顧客向け専門家

1社のみなど、ごく少数の顧客だけに販売を限定する。例えば製造業では、親会社に限定して部品を製造し、販売している子会社がある。

(5) 特定地域の専門家

ある特定の地域、地方、国のニーズに焦点を絞る。例えば、ある限定した地域だけ注文を受ける、住宅設計、建築、販売、アフターメンテナンスを事業とする小規模の住宅会社がある。

(6) 特定製品専門家

1つの製品ないしは製品ラインのみ生産する。例えば、I農機という農業機械の専業メーカーがある[19]。

(7) 製品の機能特性別専門家

製品の特定タイプや機能特性に特化する。例えば、イタリアのF社はスポーツカーのみを製造、販売している自動車会社であり、一部のお金持ちとスポーツカーマニアが顧客である。

(8) 注文生産専門家

顧客の要求に合わせて、オーダーメイドの製品を提供している。例えば、著名な建築家Aは表参道ヒルズを設計した。

(9) 特定品質価格専門家

市場の最高部ないし最低部を対象とする。最高部を対象とする例として超高級ホテル、最低部を対象とする例として、最下層の人たちへのお金の融資をする金融業G銀行（BOP）がある[20]。中間顧客層に関しては、身近なスーパーマーケットなどが挙げられるが、あまり特徴的な企業はない。

(10) サービス専門家

他社ではやっていないサービスを提供する。例えば、往診専門の歯科医師などが挙げられる[21]。

第6章の引用・参考文献

[1] フィリップ・コトラー：『マーケティング・マネジメント』、プレジデント社、1994、p.196
[2] ポール・W・ファリス、ネイル・J・ベンドル、フィリップ・E・ファイファー、ディビッド・J・レイブシュタイン：『マーケティング・メトリクス』、ピアソン桐原、2011、pp.25〜68
[3] フィリップ・コトラー：『マーケティング・マネジメント』、プレジデント社、1994、p.197
[4] 投資利益率とは｜金融経済用語集：「投資利益率」(2018年11月22日閲覧)
https://www.ifinance.ne.jp/glossary/account/acc088.html
[5] フィリップ・コトラー：『マーケティング・マネジメント』、プレジデント社、1994、p.208
[6] トヨタ自動車HP：「トヨタ自動車、ハイブリッド車のグローバル累計販売台数が1,000万台を突破」
https://newsroom.toyota.co.jp/jp/detail/14940200
[7] グロービス大学院HP：「MBA用語集」
https://mba.globis.ac.jp/about_mba/glossary/detail-12386.html
[8] 山田英夫：『逆転の競争戦略』、生産性出版、2014、pp.54〜60
[9] NEWSポストセブン：「BOSSが首位ジョージアを猛追の缶コーヒー市場　増税でも火花」(2018年11月4日閲覧)

https://www.news-postseven.com/archives/20140204_239861.html?PAGE=1
[10] ポケモン Go　HP（2018 年 9 月 17 日閲覧）
http://www.pokemongo.jp/
[11] 楽天 HP（2018 年 9 月 17 日閲覧）
https://www.rakuten.co.jp/toshiba/
[12] 鴻海 HP（2018 年 9 月 17 日閲覧）
http://www.foxconn.com/
[13] 日本経済新聞社編：『日本電産　永守イズムの挑戦』、日本経済新聞社、2004、p.171
[14] フィリップ・コトラー、ケビン・レーン・ケラー：『コトラー＆ケラーのマーケティング・マネジメント』、丸善出版、2014、p.55
[15] 【MAZDA】SKYACTIV TECHNOLOGY｜テクノロジー：「SKYACTIV TECHNOLOGY 世界一を目指した、ゼロからの革新」（2018 年 11 月 23 日閲覧）
http://www.mazda.com/ja/innovation/technology/skyactiv/
[16] ヒトゴトでない身近な商標講座：「一生モノの商標」（2018 年 9 月 9 日閲覧）
http://ameblo.jp/keisukemiyashita/entry-11992861739.html
[17] フィリップ・コトラー、ケビン・レーン・ケラー：『コトラー＆ケラーのマーケティング・マネジメント』、丸善出版、2014、p.449
[18] B-plus：「挑戦するから仕事はおもしろい　世界が驚嘆した金型技術の秘密」、（2018 年 11 月 23 日閲覧）
http://www.business-plus.net/special/1006/141901.shtml
[19] 井関農機 HP
http://www.iseki.co.jp/products/
[20] キャリタス FINANCE：「人を助ける金融とは―貧困からの解放に向けて」（2018 年 9 月 12 日閲覧）
https://job.career-tasu.jp/finance/columns/pro008/009/
[21] 日本訪問歯科協会 HP（2018 年 9 月 12 日閲覧）
http://www.houmonshika.jp/patient/

第 7 章　製品戦略立案手法

本章では、製品戦略立案手法である具体的な製品のコンセプトを決める方法として、商品企画七つ道具について学ぶ。

市場調査によって、ビジネスチャンスの高い市場に参入することが決まったとする。4P である Product(製品)、Promotion(販売促進)、Place(流通)、Price(価格) の概略が決まったとしても、最も難しいのが、Product(製品) に関する製品戦略である。ものづくり企業において、市場にヒット商品を提供し続けることは大事な使命である。

7.1　商品企画七つ道具

商品企画七つ道具は、神田範明教授を中心とし、筆者も参画した開発チームによって 1995 年に誕生した。2000 年に大幅改定、2013 年にも小改訂を行った。本書では、最も普及している 2000 年改訂版の商品企画七つ道具を解説する。

商品企画七つ道具は、(1)インタビュー調査、(2)アンケート調査、(3)ポジショニング分析、(4)アイデア発想法、(5)アイデア選択法、(6)コンジョイント分析、(7)品質表の 7 手法である[1]。

(1)　インタビュー調査

事前に用意した質問を行うことによってデータを収集する方法を質問法という。インタビュー調査とは、質問法の一つであり、仮説から導いた質問を通じて顧客の潜在的ニーズを探索し、真のニーズを導き出す手法である。

具体的には、質問項目を作成して顧客に回答してもらい、その結果を

分析することで、顧客の考えていることを探索する。**図 7.1**、**図 7.2** に、自動車の代理店の営業マンが顧客にインタビュー調査を実施した例とそのまとめを示す。

インタビューで重要なポイントは、以下のとおりである。
1) 顧客の潜在的なニーズを予想し、質問項目を考える。
2) 顧客の回答が抽象的だった場合に、即座に"具体的には"などと追加質問をすることで、より具体的な回答を得る。

(2) アンケート調査

質問法の中で、特に質問紙(調査票、アンケート用紙)に記入する方法

```
質問1   車には週何回乗りますか？           質問7    値段は？
回答1   そう、1週間に2回くらいで           回答7    安い方がいいですけれど、他
        す。                                       社の車とも差がないですね。
                                                    ⋮
質問2   どんな目的で乗ります？             質問29   率直に言って、現在の車に満
回答2   買い物とドライブです。                      足していますか？
                                          回答29   まあまあでしょう。でも、ど
質問3   どんな車種ですか？                          この会社のも変わりないで
回答3   A社のミニバンのBです。                      しょう。

質問4   乗り心地はいかがですか？           質問30   今後もA社の車に乗り続け
回答4   まあまあではないでしょうか。                ますか？
                                          回答30   どのメーカーも変わらないか
質問5   気になる点はありますか？                    ら、何ともいえません。
回答5   車体が大きいので、車庫入れ
        に苦労します。                     質問31   その他、何かお気づきの点が
                                                   あれば、お教えください。
質問6   バックソナーはいかがです           回答31   もう少し、個性のある車がい
        か？                                       いね。
回答6   後ろはいいのですが、側面を
        こすらないかを気にします。         挨拶    インタビューにご協力いただき
                                                   まして、ありがとうございまし
                                                   た。
```

図 7.1　インタビュー調査の例

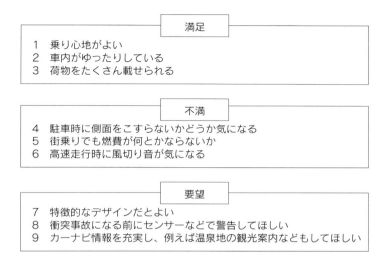

図7.2　インタビュー調査の結果のまとめ例

をアンケート調査という。アンケート調査は定量的な調査の代表格として取り上げられている。

以下に、自動車のアンケート調査を例に解説する(**図7.3**)。

アンケート調査では、目的をはっきりすることが重要である。目的には、売上向上のため、不満点をはっきりさせるため、潜在する要望がどのようなものかはっきりさせるため、などがある。図7.3で特に重要なのは、4の「総合」の質問である。これらは、自動車の総合満足度と継続購入の可能性を聞くための質問である。このように、アンケート調査の目的をはっきりさせて、質問項目を作成すべきである。

また、アンケート調査結果に対して、データ解析をすることも重要である。単純集計の結果だけで結論を下すことは好ましくない。例として、**表7.1**に単純集計のみ行った結果を示す。

この結果では、「3-3営業の説明」の平均値が最も低い。ここから対策を考えると、「営業マンの再教育」などが挙げられるだろう。しか

		日付			
	アンケートの調査用紙				
自動車の各項目について、満足度調査をさせていただきます。各質問の採点欄に点数をつけてください。					
質問内容	判定				採点
1 性能について					
1-1 走りはいかがですか？	1 大いに不満	2. 不満	3. どちらともいえない	4. 満足	5 大いに満足
1-2 デザインはいかがですか？	1 大いに不満	2. 不満	3. どちらともいえない	4. 満足	5 大いに満足
1-3 燃費はいかがですか？	1 大いに不満	2. 不満	3. どちらともいえない	4. 満足	5 大いに満足
1-4 車庫入れなど運転操作はいかがですか？	1 大いに不満	2. 不満	3. どちらともいえない	4. 満足	5 大いに満足
1-5 外部の音は気になりますか？	1 大いに不満	2. 不満	3. どちらともいえない	4. 満足	5 大いに満足
1-6 加速はいかがですか？	1 大いに不満	2. 不満	3. どちらともいえない	4. 満足	5 大いに満足
3 サービスについて					
3-1 カタログはわかりやすいですか？	1 大いに不満	2. 不満	3. どちらともいえない	4. 満足	5 大いに満足
3-2 修理の応対はいかがですか？	1 大いに不満	2. 不満	3. どちらともいえない	4. 満足	5 大いに満足
3-3 営業の説明はいかがですか？	1 大いに不満	2. 不満	3. どちらともいえない	4. 満足	5 大いに満足
3-4 CMは印象的ですか？	1 大いに不満	2. 不満	3. どちらともいえない	4. 満足	5 大いに満足
3-5 車検のやり方はいかがですか？	1 大いに不満	2. 不満	3. どちらともいえない	4. 満足	5 大いに満足
3-6 値段はいかがですか？	1 大いに不満	2. 不満	3. どちらともいえない	4. 満足	5 大いに満足
4. 総合					
4-1 当社の自動車に満足していますか？	1 大いに不満	2. 不満	3. どちらともいえない	4. 満足	5 大いに満足
4-2 今後も当社の自動車をご利用いただけますか？	1 絶対に利用しない	2. 利用しない	3. どちらともいえない	4. 利用する	5 必ず利用する
				ご協力ありがとうございました	

図7.3　アンケートの例

表 7.1 単純集計の結果

質問番号	質問	平均値	標準偏差
1-1	走りはいかがですか？	3.45	0.83
︙			
1-6	加速はいかがですか？	3.90	1.02
︙			
3-3	営業の説明はいかがですか？	1.85	0.59
︙			
4-1	当社の自動車に満足していますか	2.80	0.77
4-2	今後も当社の自動車をご利用いただけますか？	2.50	0.83

し、4-2 の質問「今後も当社の自動車をご利用いただけますか？」と他の質問との相関係数を示すと、**表 7.2** になる。

すると、単純集計ででてきた営業マンの説明への不満が、必ずしも今後も当社の自動車を利用するかについて、寄与していないことがわかる。

このように、アンケート調査においては、例のように総合質問を入れること、また解析手法を正しく選択することが重要で、そうしないと、まちがった対策に走ることになりかねない。

表 7.2 相関分析の結果

	今後の当社の自動車をご利用いただけますか？
修理の応対はいかがですか？	0.541
営業の説明はいかがですか？	−0.054
CM は印象的ですか？	0.592
車検のやり方はいかがですか？	0.075
値段はいかがですか？	0.473
当社の自動車に満足していますか	0.497

(3) ポジショニング分析

自社商品を取り巻く市場や、製品との競合関係を調べ、新商品を市場のどこに「位置づけ」するかを探索し決めることを、新商品のポジショニング分析と呼ぶ。ポジショニング分析は、一般的には多変量解析法の因子分析で、製品・サービスをさまざまな因子で評価し、いくつかの共通因子を探索する。そして、2つの共通因子を組み合わせて顧客の評価が高い製品・サービスが、どの平面に存在するかを探る。この平面を知覚マップという[2]。

テーマパークを題材に、大学生にアンケート調査を実施して、その結果でポジショニング分析を行い、知覚マップを作成した例を**図7.4**に示す。

その結果、人気テーマパークのディズニーランドとUSJは、「若者向けで楽しい」という評価で、他のテーマパークを圧倒している。"行きたい"という認識を外部評価尺度にして、因子得点と重回帰分析をしたところ、矢印の方向が顧客の好み方向であることがわかった。

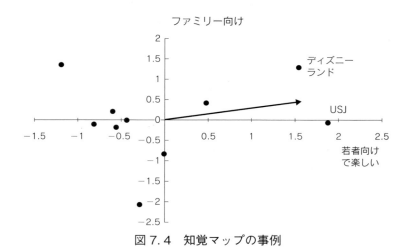

図7.4 知覚マップの事例

このように、ポジショニング分析では、顧客が各社の製品を評価する因子、製品のマップ上での位置づけと、好まれている製品の方向性を知ることができる。

(4) アイデア発想法

商品化に直結するアイデアを創造する方法にアイデア発想法がある（**図 7.5**）。アイデア発想法は、次のように体系化されている。ここでは、その中から代表的な手法であるアナロジー発想法の例を紹介する。

・アナロジー発想法

アナロジー発想法は、次のような考え方と方法で、一覧表の形式でまとまっている。

1) アイデアが出にくいのは、人が常識に囚われているからである。
2) その常識を列挙し、まず否定する。すなわち既成概念を打破するのである。
3) すると、問題点が出てくる。ここまでは、論理的に手順を踏むので、論理的思考を司る左脳の仕事である。
4) キーワードは問題を解決するために考え方であり、これ以降は情

出典）神田範明編著、大藤正、岡本眞一、今野勤、長沢伸也、丸山一彦著：『ヒット商品を生む商品企画七つ道具 よくわかる編』、日科技連出版社、2014、p.131

図 7.5 アイデア発想法

念や、イメージ、感性を司る右脳の仕事である。
5) アナロジーは、キーワードの項目を別の分野で実現している事実を示す。
6) 最後に、アナロジーを課題である分野に応用しようとするものである。

以上のように、左脳と右脳をバランスよく使うことによって、アイデアを発想する手法が、アナロジー発想法である。

表 7.3 のアナロジー発想法の例は、2000 年ごろに筆者が作成したものである。当時は画期的なアイデアでも実現性は低かったが、現在はほとんどの技術が実用化の段階にきている。

(5) アイデア選択法

アイデア選択法とは、アイデアを定められた評価方法によって選択する方法である。アイデアを発想する段階と選択する段階は分離して行う。これは、自由に発想を膨らませることと、批判的にアイデアを選択することを同時に行うと、頭の使い方が混乱するためである。

アイデア選択法には、重みづけ評価法と、AHP（Analytic Hierarchy Process：階層分析法）がある。

① 重みづけ評価法

重みづけ評価表は、アイデアを列挙し、評価項目を複数決め、複数の専門家が評価するものである。これは1回で終わるものではなく、高得点を取ったよいアイデアでも、何らかの弱点があるものである。**表 7.4** の例でいえば、評価項目点が1のものである。すると、弱点を補完するアイデアを加えて、元のアイデアを磨き上げることが重要である。

② 階層分析法（AHP, Analytic Hierarchy Process）

AHP では、評価項目の優劣をそれぞれ評価し、評価のウェイトを決める。さらに評価項目ごとにアイデアも優劣をそれぞれ評価し、アイデ

7.1 商品企画七つ道具

表 7.3 アナロジー発想法

常識	逆設定	問題点	キーワード	アナロジー	アイデア
キーがないと動かない	キーがなくても動かせる	セキュリティの高い始動装置が必要	キーよりセキュリティが高い	音声認識	持ち主の声でエンジンをかけるようにする
改造できる	改造できない	カスタマイズができない	手作り	家庭菜園	自作の車を許可制で認定する
燃料はガソリンである	ガソリン以外の燃料で走る	燃料を供給する場が少ない	自然にエネルギーが補充できる	自動巻き腕時計	タイヤの回転を使い発電し、その電力をバッテリーのかわりとして使用する
遠出に便利	近場が不便	駐車に困る	駐車スペースがいらない	折りたたみ自転車	真中で折りたためる自動車
2人以上乗車できる	1人しか乗車できない	家族がいる人が敬遠する	孤独になりたいときに乗る車	寝台列車の個室	ITSで自動運転できる1人乗り自動車
エアコンがついていて快適	自然冷暖房	四季の影響をまともに受ける	自然を楽しむ	カヌー	風雨でもよごれない内装材を使ったオープンカー
安全確認のため、ミラーが3個所につけてある	ミラーがない	常に車の状態に注意しておかねばならない	全方位をモニターする	レーダー	レーダーを搭載し、障害物を常時モニターする
故障する	故障しない	高信頼性設計のため値段が高くなる	高信頼性を売り物にする	ブランド品	超高級車を開発し、受注生産とする
日常のメンテナンスが欠かせない	メンテナンスしなくても走る	時間がないときはメンテナンスできない	常にできる故障を見つけやすくする	警備保障会社	車庫に停めておくだけで、勝手にメンテナンスしてくれるサービス
免許があれば誰にでも運転することが認められている	免許があっても運転できない	免許の意味がない	運転が確かな人を識別する	抜き打ちテスト	覆面パトカーで運転者を追跡テストし、期間限定免許を与える

表7.4 重みづけ評価法の例

アイデア/重みづけ	実行スピード	実行コスト	目標収益見込み	製品流通の容易さ	現行の製造能力	新市場への訴求力	新技術への依存度が低い	現行の開発能力	合計点	5点の数	3点の数	1点の数
	5	3	5	3	1	3	3	3				
持ち主の声でエンジンをかけるようにする	5	3	3	5	3	3	3	3	94	2	6	0
自作の車を許可制で認定する	3	5	1	1	5	1	5	3	70	3	2	3
タイヤの回転を使い発電し、その電力をバッテリーのかわりとして使用する	3	3	3	3	5	3	3	5	86	2	6	0
真中で折りたためる自動車	1	1	5	5	5	5	1	1	74	4	0	4
ITSで自動運転できる1人乗り自動車	3	1	5	3	3	5	1	3	82	2	4	2
風雨でもよごれない内装材を使ったオープンカー	5	5	1	5	3	1	3	3	84	3	3	2
レーダーを搭載し、障害物を常時モニターする	5	3	3	5	5	3	5	3	102	4	4	0
超高級車を開発し、受注生産とする	5	5	1	1	3	3	5	3	84	3	3	2
メンテナンスフリータイヤ付自動車	3	3	5	5	3	5	1	3	94	3	4	1
完全安全運転プログラムが搭載された免許のいらないロボットカー	1	1	5	3	3	5	1	3	72	2	3	3

アの総合評価ウェイトを意思決定に役立てる手法である[3]。

図7.6に人材紹介業の例を示す。わかりやすくいうと、ヘッドハンティングをするに当たり、売上から将来性の4つの評価項目の何を重視すべきか、それらのウェイトを求める。次にどの分野の人材を紹介することが、事業の発展に寄与するかをアイデアのウェイトを求めることで判断している。カッコ内が、一対比較によって求めたウェイトである。

分析の結果、評価項目では将来性が0.4で最も高く、アイデアでは外資・技術系が0.5と最も高いことがわかった。

AHPは、評価項目、代替案を一対比較するので、評価が厳密であるが、大変時間がかかることがある。

(6) コンジョイント分析

顧客に好まれる、あるいは購入したいと思われる商品のコンセプト（あるいは特徴）は何かを探索するために、商品全体の好き嫌いの程度（選好度）や購入したい程度をたずねることにより、その商品を構成する個別の要因ごとの効果を推定する手法が、コンジョイント分析である。

スマートフォンについてコンジョイント分析を行った例を**表7.5**に示す。

図7.6 階層分析法の事例

表7.5 コンジョイント分析用アンケート

企画案	おサイフケータイ対応	画面の大きさ	フルセグ対応(TV)	連続通話時間	カメラの画素	防水	色
No.	1	2	3	4	5	6	7
1	おサイフケータイできない	4.5インチ	フルセグなし	650分	800万画素	防水なし	黒
2	おサイフケータイできない	4.5インチ	フルセグなし	650分	800万画素	防水あり	白
3	おサイフケータイできない	4.5インチ	フルセグあり	1440分	2070万画素	防水なし	黒
4	おサイフケータイできない	5.5インチ	フルセグなし	1440分	2070万画素	防水なし	白
5	おサイフケータイできない	5.5インチ	フルセグあり	650分	2070万画素	防水あり	赤
6	おサイフケータイできない	5.5インチ	フルセグあり	1440分	800万画素	防水あり	紺
7	おサイフケータイ対応	4.5インチ	フルセグあり	1440分	800万画素	防水なし	白
8	おサイフケータイ対応	4.5インチ	フルセグあり	650分	2070万画素	防水あり	紺
9	おサイフケータイ対応	4.5インチ	フルセグなし	1440分	2070万画素	防水あり	赤
10	おサイフケータイ対応	5.5インチ	フルセグあり	650分	800万画素	防水なし	赤
11	おサイフケータイ対応	5.5インチ	フルセグなし	1440分	800万画素	防水あり	黒
12	おサイフケータイ対応	5.5インチ	フルセグなし	650分	2070万画素	防水なし	紺

表7.6　最適企画案

企画案	なし	あり	差
おサイフケータイ対応	−11.306	−11.375	−0.369
LTE対応	−12.032	−10.950	1.082
ワンセグ対応	−11.714	−11.267	0.447
長時間バッテリー	−12.116	−10.865	1.251
Lightingコネクター	−11.407	−11.574	−0.167
カメラ連写	−11.737	−11.244	0.493
防水	−11.968	−11.013	0.955

　表7.5では、12の商品企画案について、顧客の選好度についてアンケートを行う。この例では、7つの要因と対応する2～4水準を組み合わせた12種類の商品企画案について、選好度を問うことになる。したがってアンケート調査では、要因一つひとつの選好度を聞くのに対して、コンジョイント分析では、購買するかどうかについて、より総合的な判断を顧客に要求することになる。

　表7.5のアンケートについて16人の顧客に答えてもらった結果を**表7.6**に示す。アミカケ部の商品企画案が、最適な企画案として採択された。詳細は7.2節で解説する。

　コンジョイント分析は、要因の効果が定量的にわかるため、マーケティングの4Pを含むあらゆる意思決定に使える。

(7) 品質表

　品質表とは、顧客の要求と技術的な特性を二元表で示す手法であり、顧客の要求を具体的な品質特性に展開し、さらにその品質特性を開発目標、部品、品質保証特性などに展開することで、品質保証の体系を構築する中核ツールになる。品質表のポイントは以下のとおりである。

1) 顧客の要求品質を、言語で表現する。
2) 要求品質に対応する、製品・サービスの品質特性に列挙する。
3) 顧客の要求品質のポイントを、要求品質ウェイトにより絞り込む。
4) 製品・サービスの特性のポイントを、品質要素ウェイトにより絞り込む[4]。

表7.7 に品質表の例を示す[5]。

表7.7 品質表の例

要求品質展開表	デザイン	制動力	居住性	操作性	外形寸法	馬力	保守	利便性	静粛性	重要度	自社	K社	H社	S社	企画品質	レベルアップ率	セールスポイント	絶対ウェイト	要求品質ウェイト
荷物が積み下ろししやすい	○			○	○			○		4	4	4	1	3	4	1.0	1.0	4.0	0.03
乗り心地がよい	○	◎	◎	○	○				○	4	4	4	1	3	4	1.0	1.0	4.0	0.03
スタイルがよい	◎		○		◎		○		○	4	1	4	1	1	4	4.0	1.5	24.0	0.19
乗り降りがしやすい			◎	○				○		3	3	3	3	3	3	1.0	1.0	3.0	0.02
運転がしやすい	○	○		◎	○			○		3	3	3	2	2	3	1.0	1.0	3.0	0.02
安全性が高い	○	◎	○	○	○			○		5	3	4	2	2	5	1.7	1.2	10.0	0.08
燃費がよい	○				○	○		○		3	2	4	3	3	4	2.0	1.0	6.0	0.05
メンテナンスが楽							◎	◎		3	2	4	3	4	4	2.0	1.0	6.0	0.05
始動がしやすい				○		○		○		3	3	3	3	3	3	1.0	1.0	3.0	0.02
小回りがきく				○				○		3	3	3	2	2	5	1.7	1.2	6.0	0.05
スピードがでる	○	○		○		◎				4	2	3	2	2	5	2.5	1.2	12.0	0.10
オプションが選べる							○	◎		4	3	4	3	3	5	1.7	1.0	6.7	0.05
騒音が少ない		◎	○		○				◎	5	1	5	1	1	5	5	1.5	37.5	0.30
品質要素重要度	98	91	86	93	111	98	63	92	82							合計		125.2	1.00
品質要素ウェイト	197	242	207	105	274	214	97	103	262										

7.2 最適商品企画と販売価格の決定法

　商品企画七つ道具の中で、コンジョイント分析はデータによる意思決定をするうえで、大変有効な手法である。本書では、マーケティングを実践する過程で、商品企画案を決定し、販売価格を決めるという重要な意思決定の段階で、コンジョイント分析を改善した手法を用いる。品質工学のパラメータ設計の方法論をコンジョイント分析に適用しているので、本書ではコンジョイント・パラメータ設計と呼ぶことにする[6]。

　なお、この手法は難易度が高く、タグチメソッドに関する知識、もしくは QC 検定 1 級レベルの統計的方法に関する理解度が必要である。初学者は、本節を読み飛ばし、7.3 節の簡便法から学ぶのを勧める。

　ここで、スマートフォンの商品企画を例題にコンジョイント・パラメータ設計を解説する。この例題は 16 人の大学生に、スマホを購入するとしたら、どのような機能、性能が必要となるか、また月額使用料はいくらにするかを決める問題である。

手順 1　対象とする顧客のプロファイルに関する質問をする

　顧客のプロファイルは、属性(性別、年齢など)、志向(価格重視、性能重視など)、居住地域、所得、資産などのデータを取得する。はじめから顧客すなわち市場を絞り込む場合でも、これらのパラメータの項目を絞り込むべきである。これらのパラメータはアンケートデータを層別する場合に用いる。**図 7.7** に 16 人の大学生のプロファイルを表す質問の例を示す。

手順 2　直交表を選択し、機能、性能を割り付ける

　どの直交表を選択するかがポイントになる。次の視点で検討するとよい。

　1)　顧客に選択してもらう商品企画案は、8〜16 種類とする。
　2)　組み合わせる機能、性能は最大 10 前後とする。

	性別	回答
Q1	1. 男性	
	2. 女性	

	住まいは	回答
Q2	1. 実家	
	2. 下宿	

	月額収入	回答
Q3	1. 5万円未満	
	2. 5万円以上	

	Q4.流行に敏感	回答
Q4	1. 普通	
	2. 敏感	

	1日の使用時間	回答
Q5	1. 3時間未満	
	2. 3時間超える	

	購入基準価格重視	回答
Q6	1. 普通	
	2. 価格重視	

	購入基準性能重視	回答
Q7	1. 普通	
	2. 性能重視	

図7.7 プロファイル質問の例

3) 交互作用は、どうしても分析したいとき以外は割り付けない。

1)について、現実的に顧客に商品企画案の選定をしてもらう判断の限界と対応する直交表は、L_8、L_{12}、L_{16} の3種類と考えられる。L_9 は3水準まで扱えるが、機能、性能が4個までしか扱えないので物足らない。2)についても、顧客の判断できる範囲を考えると最大10前後である。3)は交互採用、例えばスマホの色とデザインに明らかな交互作用が出そうだと考えて、割り付けることはかまわない。しかし、その原因を追究するには、プロファイルのデータを解析し、顧客の好みを特定する必要があり、この解析ではわからない。なお、経験的には販売価格が機能、性能と交互作用が一番出ると想定している。したがって、コンジョイント・パラメータ設計においては、価格を外側に割り付ける。これは、後で具体的な方法を示す。

今回の例題では、L_{12} 直交表を採用した。機能、性能を要因とすると、7要因で、7つ目の要因は4水準とし、他は2水準とした。**表7.8** に L_{12} 直交表を、**表7.9** に2水準を4水準に変換する方法を示す。

表 7.8 L₁₂ 直交表

No.	1	2	3	4	5	6	7	8	9	10	11
1	1	1	1	1	1	1	1	1	1	1	1
2	1	1	1	1	1	2	2	2	2	2	2
3	1	1	2	2	2	1	1	1	2	2	2
4	1	2	1	2	2	1	2	2	1	1	2
5	1	2	2	1	2	2	1	2	1	2	1
6	1	2	2	2	1	2	2	1	2	1	1
7	2	1	2	2	1	1	2	2	1	2	1
8	2	1	2	1	2	2	2	1	1	1	2
9	2	1	1	2	2	2	1	2	2	1	1
10	2	2	2	1	1	1	1	2	2	1	2
11	2	2	1	2	1	2	1	1	1	2	2
12	2	2	1	1	2	1	2	1	2	2	1

表 7.9 L₁₂ 直交表における 4 水準への変換

7	8		7'
1	1		1
2	2		4
1	1		1
2	2	⇒	4
1	2		2
2	1		3
2	2		4
2	1		3
1	2		2
1	2		2
1	1		1
2	1		3

手順3 機能、性能などを内側直交表に、販売価格を外側に割り付け、商品企画案を直交表の行数分作成する

機能、性能などの要因について、それぞれの企画案を水準として割り

付ける。例えば、画面の大きさを 4.5 インチにするか、5.5 インチである。どちらを顧客が選択するかは、顧客が決めることである。しかし、マーケターは顧客の選択によって、売上がどう変化するか予測し、販売計画に織り込まなければならない。さらに、販売価格を予測することによって、売上、利益を予測しなければならない。これらを踏まえて、内側直交表の列に機能、性能を割り付け、販売価格を外側に割り付ける。表 7.10 にスマホの例を示す。

表 7.10　商品企画案の作成

企画案	おサイフケータイ対応	画面の大きさ	フルセグ対応(TV)	連続通話時間	カメラの画素	防水	色	月額使用料(円)			
No.	1	2	3	4	5	6	7	3000	5000	7000	9000
1	おサイフケータイできない	4.5インチ	フルセグなし	650分	800万画素	防水なし	黒				
2	おサイフケータイできない	4.5インチ	フルセグなし	650分	800万画素	防水あり	白				
3	おサイフケータイできない	4.5インチ	フルセグあり	1440分	2070万画素	防水なし	黒				
4	おサイフケータイできない	5.5インチ	フルセグなし	1440分	2070万画素	防水なし	白				
5	おサイフケータイできない	5.5インチ	フルセグあり	650分	2070万画素	防水あり	赤				
6	おサイフケータイできない	5.5インチ	フルセグあり	1440分	800万画素	防水あり	紺				
7	おサイフケータイ対応	4.5インチ	フルセグあり	1440分	800万画素	防水なし	白				
8	おサイフケータイ対応	4.5インチ	フルセグあり	650分	2070万画素	防水あり	紺				
9	おサイフケータイ対応	4.5インチ	フルセグなし	1440分	2070万画素	防水あり	赤				
10	おサイフケータイ対応	5.5インチ	フルセグあり	650分	800万画素	防水なし	赤				
11	おサイフケータイ対応	5.5インチ	フルセグなし	1440分	800万画素	防水あり	黒				
12	おサイフケータイ対応	5.5インチ	フルセグなし	650分	2070万画素	防水なし	紺				

手順4 アンケート調査を実施する

商品企画案を説明しても、顧客に企画の意図が通じないことがあるので、できるだけ対面でアンケート調査を実施するとよい。また、わかりやすいイラストなどを用意しておくとよい。**表 7.11** にプロファイル質問のデータ、**表 7.12** に商品企画質問のデータの例を示す。

商品企画のデータは、16人の学生に5段階評価で、評価してもらった。評価基準は、

1. 絶対に買わない 2. 買わない 3. どちらともいえない
4. 買う 5. 絶対に買う

表 7.11 プロファイル質問のデータ

人	性別	住まい	月額収入	流行に敏感	1日の使用時間	購入基準価格重視	購入基準性能重視
1	1	1	1	1	1	1	1
2	1	1	1	2	2	2	2
3	1	2	2	1	1	2	2
4	1	2	2	2	2	1	1
5	2	1	2	1	2	1	2
6	2	1	2	2	1	2	1
7	2	2	1	1	2	2	1
8	2	2	1	2	1	1	2
9	1	1	1	1	1	1	1
10	1	1	1	2	2	2	2
11	1	2	2	1	1	2	2
12	1	2	2	2	2	1	1
13	2	1	2	1	2	1	2
14	2	1	2	2	1	2	1
15	2	2	1	1	2	2	1
16	2	2	1	2	1	1	2

第7章　製品戦略立案手法

表7.12　商品企画質問のデータ

企画案 No.	おサイフケータイ対応 1	画面の大きさ 2	フルセグ対応(TV) 3	連続通話時間 4	カメラの画素 5	防水 6	色 7	月額使用料(円) 3000	5000	7000	9000
1	おサイフケータイできない	4.5インチ	フルセグなし	650分	800万画素	防水なし	黒	4	2	1	1
2	おサイフケータイできない	4.5インチ	フルセグなし	650分	800万画素	防水あり	白	4	3	1	1
3	おサイフケータイできない	4.5インチ	フルセグあり	1440分	2070万画素	防水なし	黒	4	3	1	1
4	おサイフケータイできない	5.5インチ	フルセグなし	1440分	2070万画素	防水なし	白	4	4	2	1
5	おサイフケータイできない	5.5インチ	フルセグあり	650分	2070万画素	防水あり	赤	5	4	3	2
6	おサイフケータイできない	5.5インチ	フルセグあり	1440分	800万画素	防水あり	紺	5	4	4	2
7	おサイフケータイ対応	4.5インチ	フルセグあり	1440分	800万画素	防水なし	白	4	3	1	1
8	おサイフケータイ対応	4.5インチ	フルセグあり	650分	2070万画素	防水あり	紺	4	3	1	1
9	おサイフケータイ対応	4.5インチ	フルセグなし	1440分	2070万画素	防水あり	赤	4	4	3	1
10	おサイフケータイ対応	5.5インチ	フルセグあり	650分	800万画素	防水なし	赤	4	3	1	1
11	おサイフケータイ対応	5.5インチ	フルセグなし	1440分	800万画素	防水あり	黒	5	4	3	2
12	おサイフケータイ対応	5.5インチ	フルセグなし	650分	2070万画素	防水なし	紺	5	4	3	2

とした。ここで、選好度は単に好ましいという評価ではなく、購入するという意思決定にした。また、販売価格を決定するデータでもあるので、強く顧客に意思決定を求めることとした。

手順5　データ変換を変換する

　販売価格を計算するのに、タグチメソッドの動特性のゼロ点比例式[6]を用いることとし、商品企画アンケートの5段階評価を逆転させた。すなわち、

表7.13 変換データ

No.	おサイフケータイ対応	画面の大きさ	フルセグ対応(TV)	連続通話時間	カメラの画素	防水	色	3000			
								1	2	3	4
1	1	1	1	1	1	1	1	2	3	3	3
2	1	1	1	1	1	2	4	2	3	1	3
3	1	1	2	2	2	1	1	2	2	3	2
4	1	2	1	2	2	1	4	2	3	2	3
5	1	2	2	1	2	2	2	1	2	2	2
6	1	2	2	2	1	2	3	1	1	1	1
7	2	1	2	2	1	1	4	2	2	2	1
8	2	1	2	1	2	2	3	2	2	2	3
9	2	1	1	2	2	2	2	2	3	3	3
10	2	2	2	1	1	1	2	2	4	3	3
11	2	2	1	2	1	2	1	1	3	2	2
12	2	2	1	1	2	1	3	1	4	1	3

1. 絶対に買う 2. 買う 3. どちらともいえない 4. 買わない
5. 絶対に買わない

とした。変換データの例を**表7.13**に示す。

手順6 直交表の商品企画案の望小特性 SN 比と平均値を求める

望小特性 SN 比は，以下の式で求める．

$$\eta_i = -10 \log\left(\left(\sum_{l=1}^{L}\sum_{m=1}^{S} z_{ilm}^2\right)/(L \times S)\right) \tag{7.1}$$

ここで，

η_i：i 番目の商品企画案の望小特性 SN 比

z_{ilm}：i 番目の商品企画案、l 番目の価格、m 番目の顧客の選好度を変換したデータ

L：販売価格の種類

S：顧客の数

である．

表7.14 SN比と平均値

No.	SN比	平均
1	−12.872	4.313
2	−12.352	3.969
3	−11.964	3.813
4	−10.295	3.016
5	−11.557	3.594
6	−8.796	2.453
7	−11.129	3.406
8	−11.752	3.719
9	−12.121	3.922
10	−12.407	4.063
11	−10.887	3.297
12	−11.756	3.703

表7.14にSN比と平均値の計算結果を示す。

この段階では、商品企画案6のSN比が最も大きいので、最もよいことがわかる。また、SN比と平均値が連動していることがわかる。すなわち、SN比が大きくなると変換後の平均値は小さくなり、選考度が高いことがわかる。

手順7 要因効果図を作成する

個々の要因と水準の平均SN比を要因効果図にまとめる。要因効果図は、各属性の水準ごとの平均値をグラフ化したものである(**表7.16**、p.144)。**図7.8**は、表7.12のデータをもとに、表7.10の商品企画案について、各属性と水準ごとに平均をまとめたものである。ここから、要因ごとにSN比が高い値を示す水準のばらつきが少なく、効果が高い水準である、すなわち顧客の選好度のばらつきが少なく、高い選好度を示すことがわかる。

手順8 最適な商品企画案を求める

ここまでの解析結果より、最適な商品企画案は、図7.8と**表7.15**の

7.2 最適商品企画と販売価格の決定法　143

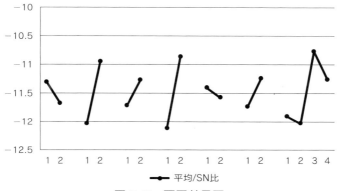

図7.8　要因効果図

表7.15　商品企画案とSN比、平均値

No.	おサイフケータイ対応	画面の大きさ	フルセグ対応(TV)	連続通話時間	カメラの画素	防水	色	SN比	平均
1	1	1	1	1	1	1	1	−12.87	4.31
2	1	1	1	1	1	2	4	−12.35	3.97
3	1	1	2	2	2	1	1	−11.96	3.81
4	1	2	1	2	2	1	4	−10.30	3.02
5	1	2	2	1	2	2	2	−11.56	3.59
6	1	2	2	2	1	2	3	−8.80	2.45
7	2	1	2	2	1	1	4	−11.13	3.41
8	2	1	2	1	2	2	3	−11.75	3.72
9	2	1	1	2	2	2	2	−12.12	3.92
10	2	2	2	1	1	1	2	−12.41	4.06
11	2	2	1	2	1	2	1	−10.89	3.30
12	2	2	1	1	2	1	3	−11.76	3.70

表7.16 要因効果図用データ

おサイフケータイ対応	平均 / SN比	平均 / 平均
1	−11.306	3.526
2	−11.675	3.685
総計	−11.491	3.605

画面の大きさ	平均 / SN比	平均 / 平均
1	−12.032	3.857
2	−10.950	3.354
総計	−11.491	3.605

フルセグ対応(TV)	平均 / SN比	平均 / 平均
1	−11.714	3.703
2	−11.267	3.508
総計	−11.491	3.605

連続通話時間	平均 / SN比	平均 / 平均
1	−12.116	3.893
2	−10.865	3.318
総計	−11.491	3.605

カメラの画素	平均 / SN比	平均 / 平均
1	−11.407	3.583
2	−11.574	3.628
総計	−11.491	3.605

防水	平均 / SN比	平均 / 平均
1	−11.737	3.719
2	−11.244	3.492
総計	−11.491	3.605

色	平均 / SN比	平均 / 平均
1	−11.908	3.807
2	−12.028	3.859
3	−10.768	3.292
4	−11.259	3.464
総計	−11.491	3.605

表 7.17 最適商品企画案

	1	2	3	4	SN比の差	平均値の差
おサイフケータイ対応	おサイフケータイできない	おサイフケータイ対応			0.369	0.159
画面の大きさ	4.5インチ	5.5インチ			1.082	0.503
フルセグ対応(TV)	フルセグなし	フルセグあり			0.447	0.195
連続通話時間	650分	1440分			1.251	0.576
カメラの画素	800万画素	2070万画素			0.167	0.044
防水	防水なし	防水あり			0.493	0.227
色	黒	赤	紺	白	1.260	0.568

SN比が大きい素性となる(**表 7.17**)。

手順9　動特性の計算

　動特性の計算方法について、ステップ順に解説する。また、**表 7.18**に計算のベースとなるデータの構造を示す。

表 7.18 計算のベース

No.	属性							3000(価格)			
	おサイフケータイ対応	画面の大きさ	フルセグ対応(TV)	連続通話時間	カメラの画素	防水	色	顧客1	顧客2	顧客3	顧客4
1	1	1	1	1	1	1	1	2	3	3	3
2	1	1	1	1	1	2	4	2	3	1	3
3	1	1	2	2	2	1	1	2	2	3	2
4	1	2	1	2	2	1	4	2	3	2	3
5	1	2	2	1	2	2	1	1	2	2	2
6	1	2	2	2	1	2	3	1	1	1	1
7	2	1	2	2	1	1	4	2	2	2	1
8	2	1	2	1	2	2	2	2	2	2	3
9	2	1	1	2	2	2	3	2	3	3	3
10	2	2	2	1	1	1	2	2	4	3	3
11	2	2	1	2	1	2	2	1	3	2	2
12	2	2	1	1	2	1	3	1	4	1	3

ステップ1　全変動、有効除数、線形式を求める

プロフィールに関する選好度データの2乗和、すなわち全変動を S_{iT} とすると、(7.2)式になる。

$$S_{iT} = \sum_{l=1}^{L} \sum_{m=1}^{S} y_{ilm}^2 \tag{7.2}$$

販売価格を M_l とし、価格、顧客ごとの繰り返し数 r_0 とすると、有効除数 r は(7.3)式になる[7]。有効除数は、価格の変化を単位変化量あたりに換算する係数である。

$$r = r_0 S (M_1^2 + M_2^2 + \cdots + M_L^2) \tag{7.3}$$

プロフィール i、顧客 m ごとの線形式 L_{im} は(7.4)式になる。ここで M_l は l 番目の販売価格である。

$$L_{im} = \sum_{l=1}^{L} y_{ilm} M_l \tag{7.4}$$

ステップ1の計算結果を**表7.19**に示す。

ステップ2　入力効果、調合誤差因子の効果、誤差分散、誤差全体の分散を求める

次に、入力の効果 $S_{i\beta}$ は、(7.5)式となる。これは比例式の2乗和である。

$$S_{i\beta} = \frac{1}{r} \left(\sum_{m=1}^{S} L_{im} \right)^2 \tag{7.5}$$

調合誤差因子の効果 $S_{i\beta \times N}$ を(7.6)式で求める[7]。これはノイズによる傾きの変化の2乗和である。

$$S_{i\beta \times N} = \frac{\sum_{m=1}^{S} L_{im}^2}{\frac{r}{r_0 S}} - S_{i\beta} \tag{7.6}$$

表7.19 全変動などの計算結果

No.	ST	r	L_1	L_2	L_3	L_4
1	1240	2624000000	106000	114000	97000	109000
2	1100	2624000000	101000	114000	54000	109000
3	1006	2624000000	101000	94000	97000	94000
4	685	2624000000	89000	109000	64000	97000
5	916	2624000000	70000	101000	69000	89000
6	485	2624000000	63000	61000	40000	72000
7	830	2624000000	101000	78000	64000	79000
8	958	2624000000	101000	85000	57000	102000
9	1043	2624000000	87000	88000	81000	102000
10	1114	2624000000	101000	112000	102000	102000
11	785	2624000000	70000	88000	57000	89000
12	959	2624000000	70000	112000	45000	102000

誤差変動 S_{ie} と誤差分散 V_{ie} を、(7.7)式と(7.8)式で求める。これは取り上げなかった誤差、すなわち偶然誤差である。

$$S_{ie} = S_{iT} - S_{i\beta} - S_{i\beta \times N} \tag{7.7}$$

$$V_{ie} = S_{ie} / (r_0 S \times L) \tag{7.8}$$

全体の誤差変動 $S_{iN'}$ とその分散 $V_{iN'}$ を、(7.11)式と(7.12)式で求める。

$$S_{iN'} = S_{i\beta \times N} + S_{ie} = S_{iT} - S_{i\beta} \tag{7.9}$$

$$V_{iN'} = S_{iN'} / (r_0 S \times L - 1) \tag{7.10}$$

ステップ3 動特性の SN 比、感度、傾きを求める

動特性の SN 比 p_i、すなわち入出力関係のノイズに対する強さを、

(7.11)式で求める。

$$p_i = -10 \log \frac{\frac{1}{r}(S_{i\beta} - V_{ie})}{V_{iN'}} \quad (7.11)$$

入力の効果 $S_{i\beta}$ は、(7.12)式となる。これは比例式の2乗和である。

$$S_{i\beta} = \frac{1}{r}\left(\sum_{m=1}^{s} L_{im}\right)^2 \quad (7.12)$$

動特性の感度は SN 比の分子であり、(7.13)式で求められる。

$$\hat{S}_i = -10 \log \frac{1}{r}(S_{i\beta} - V_{ie}) \quad (7.13)$$

ゼロ点比例式の傾き β_i は、感度の平方根であり、(7.14)式で求める。

$$\beta_i = \sqrt{\frac{1}{r}(S_{i\beta} - V_{ie})} \quad (7.14)$$

表 7.20 に SN 比、感度、傾きの計算結果を示す。

手順 10　販売価格のシミュレーション

感度の解析結果をまとめ(**表 7.21**)、表 7.15 の最適商品企画案の属性、水準の組合せに関して、最適感度を求める。

目標選好度を ty とし、動特性はゼロ点比例式で求めているので、目標価格 tp は(7.15)式になる。

$$tp = \frac{b_{\max} - ty}{\beta^*} \quad (7.15)$$

ここで、$b_{\max}$ は、変数変換に用いた最大値である。本事例では6になる。目標選好度 ty は、選好度4(買いたい)の逆数なので2になる。

7.2 最適商品企画と販売価格の決定法　149

表 7.20　SN 比、感度、傾き

商品企画案	η(dB)	S(dB)	傾き
1	−65.22	−63.59	0.000661
2	−65.43	−64.13	0.000622
3	−64.18	−64.43	0.000600
4	−63.64	−66.07	0.000497
5	−66.08	−64.98	0.000564
6	−65.07	−67.66	0.000414
7	−64.13	−65.26	0.000546
8	−65.20	−64.71	0.000581
9	−65.44	−64.36	0.000605
10	−64.56	−64.01	0.000630
11	−65.23	−65.58	0.000526
12	−66.54	−64.82	0.000574

表 7.21　動特性の感度

No.	おサイフケータイ対応	画面の大きさ	フルセグ対応(TV)	連続通話時間	カメラの画素	防水	色	S(dB)
1	1	1	1	1	1	1	1	−63.59
2	1	1	1	1	1	2	4	−64.12
3	1	1	2	2	2	1	1	−64.43
4	1	2	1	2	2	1	4	−66.07
5	1	2	2	1	2	2	2	−64.97
6	1	2	2	2	1	2	3	−67.65
7	2	1	2	2	1	1	4	−65.26
8	2	1	2	1	2	2	3	−64.71
9	2	1	1	2	2	2	2	−64.36
10	2	2	2	1	1	1	2	−64.01
11	2	2	1	2	1	2	1	−65.58
12	2	2	1	1	2	1	3	−64.82

β^* を最適商品企画案の傾きとすると、$\beta^* = 0.00041698$ なので、目標価格は、4,796 円となる。

手順 11　目標販売価格のグラフ化

選好度を変換した選好度を逆選好度とすると、目標価格との関係は**表 7.22** になり、グラフ化すると**図 7.9** になる。

この詳しい手順の解説は、他書を参照されたい。

表 7.22　選好度と目標価格

選好度	逆選好度	最適販売価格
0	6	14,389
1	5	11,991
2	4	9,593
3	3	7,195
4	2	4,796
5	1	2,398

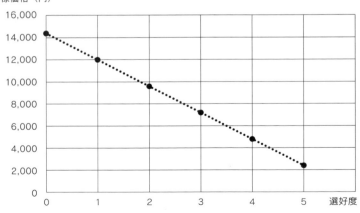

図 7.9　選好度と目標価格のグラフ

7.3 最適商品企画と販売価格の決定法の簡便法

以上の手順を踏むことで、ターゲット市場の顧客のアンケートデータから、最適商品企画案と目標価格を求めることができる。

7.3 最適商品企画と販売価格の決定法の簡便法

7.2節で説明した解析方法は高度なもので、初学者には難しい。そこで簡便な方法で、同一のデータを解析する方法を以下に示す。

手順1　データをまとめる

表7.23のように、解析データの要因と水準を0、1のカテゴリーデータで置き換える。さらに16人の選好データから、全体、価格別に平均値を計算する。なお、色のカテゴリーから白を削除している。これは、数量化理論Ⅰ類で解析するためである。

手順2　全体、価格帯別に数量化理論Ⅰ類で解析する

価格帯3,000円の選考データの平均値を、Excelの分析ツールで計算する。例を表7.24に示す。

表7.23　解析データ

No.	おサイフケータイ対応	画面の大きさ	フルセグ対応(TV)	連続通話時間	カメラの画素	防水	黒	赤	紺	全体の平均	3000円の平均	5000円の平均	7000円の平均	9000円の平均
1	0	0	0	0	0	0	1	0	0	2.50	3.71	2.92	1.96	1.42
2	0	0	0	0	0	1	0	0	0	2.76	3.88	3.33	2.25	1.58
3	0	0	1	1	1	0	1	0	0	3.22	4.21	3.83	2.83	2.00
4	0	1	0	1	1	0	0	0	0	3.10	4.08	3.63	2.67	2.04
5	0	1	1	0	0	1	0	1	0	2.61	3.63	3.08	2.21	1.54
6	0	1	1	1	0	0	0	0	1	2.84	3.75	3.42	2.42	1.79
7	1	0	1	1	0	0	0	0	0	2.84	3.96	3.42	2.29	1.71
8	1	0	1	0	1	0	0	1	0	2.88	3.79	3.25	2.67	1.79
9	1	0	0	1	1	0	0	0	1	2.85	3.75	3.33	2.38	1.96
10	1	1	1	0	0	0	0	0	0	2.29	3.17	2.75	1.88	1.38
11	1	1	0	1	0	1	0	0	0	2.99	4.08	3.54	2.63	1.71
12	1	1	0	0	1	0	0	0	1	2.67	3.58	3.04	2.29	1.75

表 7.24　解析結果

回帰統計	
重相関 R	0.99841
重決定 R^2	0.996823
補正 R^2	0.982528
標準誤差	0.036747
観測数	12

分散分析表

	自由度	変動	分散	観測された分散比	有意 F
回帰	9	0.847415	0.094157	69.73015873	0.014216
残差	2	0.002701	0.00135		
合計	11	0.850116			

	係数	標準誤差	t	P値	下限 95%	上限 95%	下限 95.0%	上限 95.0%
切片	3.685185	0.032407	113.7143	7.73249E-05	3.545747	3.824623	3.545747	3.824623
おサイフケータイ対応	0.00463	0.024498	0.188982	0.867546764	-0.10078	0.110035	-0.10078	0.110035
画面の大きさ	-0.00926	0.024498	-0.37796	0.74180111	-0.11466	0.096146	-0.11466	0.096146
フルセグ対応(TV)	0.060185	0.024498	2.456769	0.133333333	-0.04522	0.16559	-0.04522	0.16559
連続通話時間	0.189815	0.024498	7.748272	0.016251807	0.08441	0.29522	0.08441	0.29522
カメラの画素	0.240741	0.024498	9.827076	0.010196916	0.135336	0.346146	0.135336	0.346146
防水	0.185185	0.024498	7.559289	0.017053626	0.07978	0.290590	0.07978	0.29059
黒	0.027778	0.030003	0.92582	0.452277442	-0.10132	0.156872	-0.10132	0.156872
赤	-0.555556	0.042431	-13.0931	0.005782783	-0.73812	-0.37299	-0.73812	-0.37299
紺	-0.36111	0.042431	-8.5105	0.013527193	-0.543678	-0.17854	-0.54368	-0.17854

手順3　指定した価格帯の最適商品企画案を決める

　表 7.24 の解析結果から、選好度が 4(買いたい)を超える商品企画案をシミュレーションで求める。**図 7.10** に結果を示す。

　以上のように、簡便法でも、最適商品企画案を求めることができる。

7.3 最適商品企画と販売価格の決定法の簡便法

	係数	標準誤差	t	P-値	下限95%	上限95%	下限95.0%	上限95.0%	データ	シミュレーション
切片	3.685185	0.032407	113.7143	7.73249E-05	3.545747	3.824623	3.545747	3.824623	1	3.685
おサイフケータイ対応	0.00463	0.024498	0.188982	0.867546764	-0.10078	0.110035	-0.10078	0.110035	0	0.000
画面の大きさ	-0.00926	0.024498	-0.37796	0.74180111	-0.11466	0.096146	-0.11466	0.096146	0	0.000
フルセグ対応(TV)	0.060185	0.024498	2.456769	0.133333333	-0.04522	0.16559	-0.04522	0.16559	0	0.000
連続通話時間	0.189815	0.024498	7.748272	0.016251807	0.08441	0.29522	0.08441	0.29522	1	0.190
カメラの画素	0.240741	0.024498	9.827076	0.010196916	0.135336	0.346146	0.135336	0.346146	1	0.241
防水	0.185185	0.024498	7.559289	0.017053626	0.07978	0.290590	0.07978	0.29059	1	0.185
黒	0.027778	0.030003	0.92582	0.452277442	-0.10132	0.156872	-0.10132	0.156872	0	0.000
赤	-0.55556	0.042431	-13.0931	0.005782783	-0.73812	-0.37299	-0.73812	-0.37299	0	0.000
紺	-0.36111	0.042431	-8.5105	0.013527193	-0.543678	-0.17854	-0.54368	-0.17854	0	0.000
									選好度	4.301

おサイフケータイ対応	画面の大きさ	フルセグ対応(TV)	連続通話時間	カメラの画素	防水	色	価格	選好度
1	2	3	4	5	6	7		4
おサイフケータイできない	4.5インチ	フルセグなし	1440分	2070万画素	防水あり	白	3000円	買う

図7.10　最適商品企画案

第7章の引用・参考文献

[1] 神田範明編著、大藤正、長沢伸也、岡本眞一、丸山一彦、今野勤著：『ヒットを生む商品企画七つ道具　よくわかる編』、日科技連出版社、2000、p.2、p.131
[2] 古川一郎：「知覚マップと製品のポジショニング」、『オペレーションズ・リサーチ』、34(9)、1989、pp.454〜460
[3] 木下栄蔵編著：『AHPの理論と実際』、日科技連出版社、2000、p.1
[4] 大藤正、小野道照、赤尾洋二：『品質展開法(1)』、日科技連出版社、1990、pp.86〜114
[5] 今野勤他：『文科系のための情報科学』、共立出版、2017、p.58
[6] 今野勤：「商品企画における価格対応モデルと解法」、『日本経営システム学会誌』、Vol.27、No.2、2010、pp.27〜36
[7] 立林和夫：『入門タグチメソッド』、日科技連出版社、2004、pp.9〜75

第8章 マーケティングからものづくりへ

マーケティングとものづくりは、一般的に相性がよくない。なぜ相性がよくないか、どうしたらよくなるかについて、本章で解説する。

8.1 マーケティングとものづくりの背反性

マーケティングとものづくりでは、顧客満足度の高い商品を市場に供給する点では一致しているが、相反する点がある。これらを背反性としてまとめると、表8.1のようになる。

目的としては、マーケティングは直接顧客を対象とし、ものづくりはものを通じて、間接的に顧客を対象としている。ものづくりは、顧客のウォンツやニーズに直接触れることは難しい。すなわち、顧客との距離

表8.1 マーケティングとものづくりの背反性

項目	マーケティング	ものづくり
目的	顧客・社会のウォンツの創造	顧客・社会のニーズの効率的な達成
主な研究対象	企業、国、地方公共団体、NPO	企業、医療機関
研究者	マーケティング学者	統計学者、経営学者
主な手法	統計学、OR、心理学	統計学、OR、経営学（戦略論、組織論など）
主な実践部門	企画、営業、広告・宣伝	経営、設計、製造部門、品質管理
主なアウトプット	業績の拡大、顧客価値の創造	品質の向上、人材育成

感が違う。

　主な研究対象は、マーケティングは、企業から国、地方公共団体などの営利団体から非営利団体まで幅広い。一方ものづくりは、企業の中でも特に製造業と医療機関が対象となる。すなわち対象の範囲が違う。したがって、研究者についても、マーケティングはマーケティング学者であり、日本の大学では経営学部や商学部に属する。ものづくりは工学部系で、経営工学、経営システム、経営情報学部などに属し、統計学者が多い。同様に手法は、どちらも統計学、OR などは共通だが、マーケティングは心理学が、ものづくりは経営学(戦略論、組織論など)が入ってくる。また実践部門の代表について、マーケティングは営業、ものづくりは、工場になる。

　このように比較すると、最終的なアウトプットに関して、マーケティングは直接的な結果として業績の拡大に働きかけ、営利・非営利団体を対象とし、広告・宣伝など人の心理に大きく作用している。一言でいうと華やかである。

　一方ものづくりは、品質の向上による間接的な業績拡大をめざし、主に営利団体を対象とし、人材の育成に重きを置くために、地味な活動になる。

8.2　マーケティングとものづくりのコラボレーション

　マーケティングとものづくりの相性がよくない理由として、以下に示すように、お互いのことがよくわかっていないということがある。

マーケティングサイドの意見：
1) 技術者が理屈っぽく、プライドが高いのはなぜか？
2) 顧客のニーズ・ウォンツを理解するのに時間がかかるのはなぜか？

3) 多くの部門がかかわり、意見の調整に時間がかかるのはなぜか？
4) 開発仕様のちょっとした変更に、莫大な設備投資がいるのはなぜか？
5) 些末な問題でもやたらこだわるのはなぜか？

ものづくりサイドの意見：
1) マーケターは明るく、よくしゃべるが裏付けのデータを持っているのか？
2) 企画のよさを追求するが、設計可能かどうか考慮しているのか？
3) 設計者の意見をあまり聞かず、説得しようとするのはなぜか？
4) 商品企画の際にコストを考えているのか？

これらの意見を抱く理由として、マーケターとエンジニアに以下の違いがあることが挙げられる。
1) マーケターは文系であり、エンジニアは工学系である（ただし、マーケターにも数学に強い人もいる）。
2) マーケターは感性で、設計者は理論で思考する。
3) マーケターはものごとをマクロにとらえるが、設計者は具体的にミクロでとらえる。
4) マーケターは企画をどんどん変更し、よくしようとするが、設計者は企画を設定し、製品としてまとめようとする。

これらを踏まえたうえで、マーケティングとものづくりのコラボレーションを進めていくには、以下の点を重視する。
1) マーケターの企画段階へ、設計者も参画する。
2) 設計者の開発段階へ、マーケターも参画する。
3) マーケターの広告・宣伝企画に、設計者も参画する。
4) 設計者の試作・テストにマーケターも参画する。

すなわち、お互いの仕事に参画することで、その違いを認識し、協力し合うことが重要である。製品・サービスの既成概念を破壊し、創造するマーケターと、これらの活動で生じるリスクを丹念に分析し、改善していくものづくりのエンジニアは、実は車の両輪であり、かつ最強のパートナーである。

索　引

【英数字】

TQM　iii
20対80の法則　24
3C分析　12
4C　12
4P　12
AHP　128
AMA　3
Analytic Hierarchy Process　128
B to B　6、53
　——マーケティング　53
B to B to C　56
B to C　6、53
Business to Business　6、53
Business to Customer　6、53
Communication　12
Company　12
Competitor　12
Convenience　12
Customer　12
　——Cost　12
　——Solution　12
EC　25
Eコマース　25
IC　98
Key Goal Indicator　49
Key Performance Indicator　49
KGI　49
KPI　49
lose-win分析　60
NOPLAT　98
oppotunity　49
PEST分析　27
Place　12
Price　12
Product　12
Promotion　12
RFM分析　93、95
ROA　97
ROE　97
ROIC　97
strength　49
SWOT分析　49
threat　49
Total Quality Management　iii
Value Chain　5
weakness　49
Win-Win　57
$y=f(x)$ダイアグラム　61

【あ 行】

アイデア選択法　121、128
アイデア発想法　121、127
圧迫作戦　108
アナロジー発想法　127
アメリカ・マーケティング協会　3
アンケート調査　121、122
インタビュー調査　121
オーバーシュート　20
オケージョン　87
オペレーティング変数　89
重みづけ評価法　128

【か 行】

階層分析法　128
開発納期ハイスピード作戦　114
価格　12
傾き　147
価値　4
カバー率　59
完全総合化型の市場選択　86
感度　147
機会　49
企業戦略　16
企業のビジョン　16
企業目標　16
企業理念　15
機能別戦略　16

脅威　49
業界内競争　40
供給業者の力　43
競合　12
寄与率　65
緊急性　90
均質型選考　82
クラスター型選考　82
クラスター分析　93
クロス集計　97
広告・宣伝　12
交互作用　136
行動指針　16
行動変数　87
購買アプローチの変数　89
購買基準　90
購買準備段階　87
顧客　5、12
　——コスト　12
　——ソリューション　12
誤差分散　146
コストリーダーシップ戦略　22
コミュニケーション　12
コンジョイント・パラメータ設計　135
コンジョイント分析　121、131

【さ　行】

サイコグラフィック変数　86
最小2乗法　67
差別化戦略　23、49
事業戦略　16
自己資本比率　97
自社　12
市場開拓戦略　17
市場細分化　81
市場浸透戦略　17
市場成長率　45
市場専門化型の市場選択　84
システム購買志向　56
社会心理変数　86
重回帰分析　68
集中型の市場選択　84
集中戦略　23
需要の派生　55
状況要因の変数　90
消費者の力　42
商品企画七つ道具　121
使用量状況　87
新規参入障壁　42
人口動態変数　86
数量化理論Ⅰ類　76、98、151
生産コンセプト　10
正の相関関係　65
製品　12

──開発戦略　19
──コンセプト　11
──専門化型の市場選択　85
税引後営業利益　98
積極攻勢　49
説明変数　63
線形式　146
潜在する顧客　87
専守防衛　51
選択的専門化型の市場選択　85
選択と集中　21
全変動　146
戦略提携　24
相関係数　65
総合的品質管理　iii
総資産利益率　97
相対マーケットシェア　46
組織パーソナリティの変数　90

【た　行】

代替品　42
態度　88
多角化戦略　20
タグチメソッド　135
多重共線性　72
単回帰分析　63
段階的施策　49
地域ドミナント作戦　107

162　索　引

注文規模　90
調合誤差因子　146
直交表　135
地理的変数　86
強み　49
撤退戦略　23
デミング賞　iii
デモグラフィック変数　86、89
投下資本　98
　――利益率　97
同質化作戦　107
動特性　145
　――のSN比　147
特殊性　90

【な　行】

入力効果　146

【は　行】

バブルチャート　46
バリューチェーン　5
パレートの法則　24
販売コンセプト　11
ヒット率　59
品質表　121、133
ファイブフォース分析　38
フィリップ・コトラー　2、4
福原證　5

負の相関関係　66
プロダクト・ポートフォリオ・マネジメント　44
分散型選考　82
分析ツール　69
ベネフィット　87
偏回帰係数　63
変数選択　70
望小特性SN比　141
ポーターの競争戦略　22
ポジショニング分析　121、126

【ま　行】

マーケット・セグメンテーション　81
マーケット・チャレンジャー　104、109
マーケット・ニッチャー　104、117
マーケット・フォロワー　104、115
マーケット・リーダー　104
マーケティング・コンセプト　11
マーケティングの定義　2
マイケル・ポーター　5
無相関　66
目的変数　63

【や　行】

ユークリッド距離　94

有効除数　146
ユーザの状態　87
要因効果図　142
弱み　49

流通　12
ロイヤルティの状態　88
ロングテール戦略　24

【ら　行】

利便性　12

【著者紹介】

今野　勤　（こんの　つとむ）
1954 年　山形県に生まれる。
1976 年　早稲田大学理工学部卒業。
1978 年　早稲田大学院理工学研究科修士課程修了。
　　　　同年、株式会社前川製作所入社。その後ヤマハ発動機株式会社などに勤務。
2000 年　大阪大学大学院工学研究科博士後期課程修了、工学博士。
　　　　龍谷大学経営学部特任教授を経て、
2008 年　神戸学院大学経営学部教授、現在に至る。

　その他に、日本科学技術連盟デミング賞実施賞委員会委員、日本経営システム学会常任理事・研究委員長・関西支部長、日本科学技術連盟クオリティフォーラム企画委員会委員長(2014 年 1 月〜現在)、日本科学技術連盟日経品質管理文献賞委員会委員(2013 年 9 月〜現在)、中部品質管理協会企画委員(2002 年 5 月〜現在)、品質月間委員会副委員長(2017 年 5 月〜現在)など。

　主な著書に、『おはなし新 QC 七つ道具』(共著、1987、日本規格協会)、『商品企画七つ道具』(共著、1995)、『ヒット商品を生む商品企画七つ道具　よくわかる編』(共著、2000)、『ISO 9000 顧客満足システムの構築』(共著、2002)、『成功事例に学ぶ CRM の実践手法』(共著、2003)、『実務に直結　エクセルによる即効問題解決』(共著、2004)、『データ解析による顧客満足の向上と創造』(2005)、『QFD・TRIZ・タグチメソッドによる開発・設計の効率化』(共著、2005)、『【新レベル表対応版】QC 検定 1〜4 級模擬問題集』品質管理検定講座シリーズ(共著、2015〜2016)以上、日科技連出版社、『経営系学生のための基礎統計学』(共著、2011)、『文科系のための情報科学』(共著、2017)以上、共立出版、『ものづくりに役立つ経営工学の事典』(共著、2014、朝倉書店)がある。

データ解析による実践マーケティング

2019 年 2 月 21 日　第 1 刷発行

著　者　今野　　勤
発行人　戸羽　節文

検印
省略

発行所　株式会社　日科技連出版社
〒151-0051　東京都渋谷区千駄ヶ谷 5-15-5
　　　　　DSビル
電話　出　版　03-5379-1244
　　　営　業　03-5379-1238

Printed in Japan

印刷・製本　三秀舎

© *Tsutomu Konno 2019*
URL　http://www.juse-p.co.jp/

ISBN 978-4-8171-9663-7

本書の全部または一部を無断で複写複製（コピー）することは、著作権法上での例外を除き、禁じられています。